Under the editorship of

William G. Moulton

Princeton University

Edited by William Gillis *and* John J. Neumaier
Bradley University   *Moorhead State College*

HOUGHTON MIFFLIN COMPANY · BOSTON

Friedrich Dürrenmatt:

Introduction

A LIEUTENANT of the Bern cantonal police is murdered, and Inspector Bärlach is in charge of the investigation. A policeman of the old school, Bärlach is often at variance with his superior and with his assistant, both of whom rely on modern methods of crime detection. He ultimately solves the crime by probing the ordinary human motivations which cause crime.

Running parallel with this story of a clever police inspector, however, is another story — the dramatic narrative of a man's lifelong pursuit of justice. While justice finally seems to be brought about by chance, it is really accomplished by a combination of the inspector's determination and the natural and divine order of things. — Justice, says Friedrich Dürrenmatt, is a built-in tendency of the universe; justice will prevail, but man has the responsibility of pursuing it.

To portray this, Dürrenmatt has created as his chief character a man at the extremity of life. Dying of a serious illness, Bärlach is living in a period of life where it seems useless for him to go on. He nevertheless persists, knowing it is man's duty to strive ceaselessly against evil. In the end, he can only be the judge, not the executioner too. Through following the single-minded pursuit that has dominated his whole existence, he comes to a point where he can pronounce sentence on evil; the execution of the sentence is left to the transcendent order of the universe.

This is perhaps an unusual theme for an unsophisticated literary form like the detective novel. Dürrenmatt is better known as a playwright, and his dramatic skill, as well as his theme, sophisticates this particular detective novel and makes it unusual. He holds his readers with scenes of conflict and contrast. The funeral of the police lieutenant, for example, is a scene of tragic solemnity, heightened by a backdrop of natural elements unbent to the human will, which finds an explosive kind of contrast when two drunks burst in among the mourners — the tragicomedy of life. His characterization, clear and strong, lies within the quotation marks or in the indirect discourse of his characters. His plot is that of a play, a conflict unravelling itself before the audience. His writing style follows the pattern of speech as it is heard on the stage, natural yet purposeful; it often has the crisp economy of stage directions.

But the direct purposefulness of Dürrenmatt's writing does not prevent his indulging in whimsy and satire. Man's faith in himself alone, his overconfidence in his scientific achievements, his reliance on a number of formulas for curing the diseases of the world, all are amusing when Dürrenmatt contemplates them. In Lutz we have the portrayal of a man who thinks that the only way to deal with human problems is the scientific way, and who will not admit that some problems demand an understanding of human nature. Ironically his vanity, as expressed, for instance, in his ridiculous admiration for the Chicago police situation and his inferiority feelings before the blustering von Schwendi, refutes his own philosophy convincingly. Von Schwendi is the puffed-up politician who has his own formula for making the nation over, a formula he knows will be successful because it was precisely the one which made him the fine citizen he perceives himself to be. Even Bärlach shows his imperfections and insecurities when he leaves his police beat, but he is aware of them and willing to live with them. Dürrenmatt does not hesitate to smile at his people and at mankind — as well as at himself — at the same time he is declaring the essential validity of man's achievement on earth.

*

Friedrich Dürrenmatt was born in Konolfingen in the Canton of Bern on January 5, 1921. After studying theology, philosophy, and literature at the Universities of Zürich and Bern, he worked for a time as a commercial artist and then began to write in 1947. *Es steht geschrieben,* a play, was his first work. He later won world-wide acclaim with his play *Der Besuch der alten Dame,* which ran with great success in New York. He has written two detective stories besides this one (*Der Verdacht* and *Das Versprechen*), as well as other plays for stage and radio, a satirical novel, criticism, and other prose works.

He comments: "Ich schreibe, um das Absurde dieser Welt wissend, aber nicht verzweifelnd; denn wenn wir auch wenig Chancen haben, sie zu retten — es sei denn, Gott sei uns gnädig —, bestehen können wir sie immer noch."

*

This text is designed for students in the third or fourth semester of German study. The swift-moving and dramatic style will hold students' interest while at the same time the story presents the viewpoint of an outstanding German author much concerned with mankind's problems. It is a detective story of stylistic merit which is comparatively easy reading. Besides having the benefit of the obvious virtues of an uncomplicated yet literary text, the student will profit from other qualities of the book. The frequent use of indirect discourse will bolster his knowledge of the subjunctive. The student is continually confronted with idiomatic usage of the spoken language. The naturalness and brevity of the author's sentences should lead the student away from translation.

The editors give Dürrenmatt's text complete. They have provided a vocabulary, footnotes which try to clarify difficult constructions rather than simply to offer idiomatic translations, and questions in German, all these aids having been designed to help the student learn to read and to think in German

*

The editors would like to acknowledge with thanks the help of the Swiss Consulate General in Chicago, the Turkish Information Office in New York, and Mr. J. R. Walsh, University of Edinburgh, in the preparation of notes for this edition.

W. E. G.

J. J. N.

Moorhead, Minnesota

DER RICHTER UND SEIN HENKER

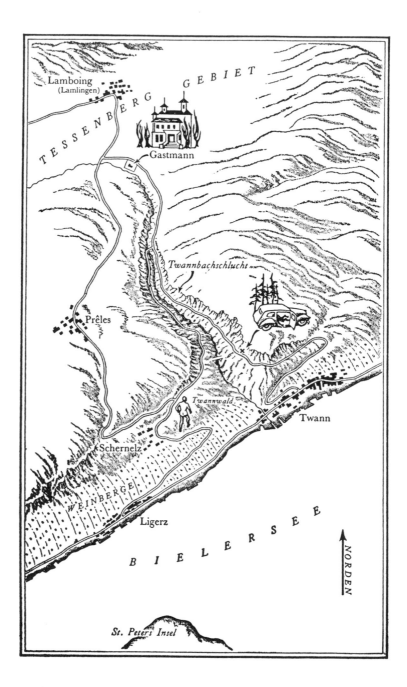

1

ALPHONS CLENIN, der Polizist von Twann[1], fand am
Morgen des dritten Novembers neunzehnhundertachtund-
vierzig dort, wo die Straße von Lamboing (eines der Tessen-
bergdörfer) aus dem Walde der Twannbachschlucht her-
vortritt, einen blauen Mercedes, der am Straßenrande stand. 5
Es herrschte Nebel, wie oft in diesem Spätherbst, und
eigentlich war Clenin am Wagen schon vorbeigegangen, als
er doch wieder zurückkehrte. Es war ihm nämlich beim
Vorbeischreiten gewesen[2], nachdem er flüchtig durch die
trüben Scheiben des Wagens geblickt hatte, als sei der 10
Fahrer auf das Steuer niedergesunken[3]. Er glaubte, daß
der Mann betrunken sei, denn als ordentlicher Mensch kam
er auf das Nächstliegende[4]. Er wollte daher dem Fremden
nicht amtlich, sondern menschlich begegnen. Er trat mit
der Absicht ans Automobil, den Schlafenden zu wecken, 15
ihn nach Twann zu fahren und im Hotel Bären bei schwar-
zem Kaffee und einer Mehlsuppe nüchtern werden zu las-

[1] *Twann*   All important geographical locations are to be found on
the maps on pages 2 and 24.
[2] *Es war ihm . . . gewesen*   It had seemed to him, He had had
the impression
[3] *als sei der Fahrer auf das Steuer niedergesunken*   as if the driver
were slumped ("sunk") on the steering wheel
[4] *kam er auf das Nächstliegende*   "he came on the nearest lying
[thing]" = he thought first of the obvious

3

sen[5]; denn es war zwar verboten, betrunken zu fahren, aber nicht verboten, betrunken in einem Wagen, der am Straßenrande stand, zu schlafen. Clenin öffnete die Wagentür und legte dem Fremden die Hand väterlich auf die Schultern. 5 Er bemerkte jedoch im gleichen Augenblick, daß der Mann tot war. Die Schläfen waren durchschossen. Auch sah Clenin jetzt, daß die rechte Wagentüre offen stand. Im Wagen war nicht viel Blut, und der dunkelgraue Mantel, den die Leiche trug, schien nicht einmal beschmutzt. Aus 10 der Manteltasche glänzte der Rand einer gelben Brieftasche. Clenin, der sie hervorzog, konnte ohne Mühe feststellen, daß es sich beim Toten um Ulrich Schmied handelte[6], Polizeileutnant der Stadt Bern.

Clenin wußte nicht recht, was er tun sollte. Als Dorf-15 polizist war ihm ein so blutiger Fall noch nie vorgekommen. Er lief am Straßenrande hin und her. Als die aufgehende Sonne durch den Nebel brach und den Toten beschien, war ihm das unangenehm. Er kehrte zum Wagen zurück, hob den grauen Filzhut auf, der zu Füßen der Leiche lag, und 20 drückte ihr den Hut über den Kopf, so tief, daß er die Wunde an den Schläfen nicht mehr sehen konnte, dann war ihm wohler.

Der Polizist ging wieder zum andern Straßenrand, der gegen Twann lag, und wischte sich den Schweiß von der 25 Stirne. Dann faßte er einen Entschluß. Er schob den Toten auf den zweiten Vordersitz, setzte ihn sorgfältig aufrecht, befestigte den leblosen Körper mit einem Lederriemen, den er im Wageninnern gefunden hatte, und rückte selbst ans Steuer.

30 Der Motor lief nicht mehr[7], doch brachte Clenin den Wagen ohne Mühe die steile Straße nach Twann hinunter

---

[5] *ihn . . . nüchtern werden zu lassen* "to let him (cause him to) become sober" = to sober him up
[6] *daß es sich beim Toten um Ulrich Schmied handelte (es handelt sich um* "it is a question of, one dealing with"; *beim Toten* "in the case of the dead man") that the dead man was Ulrich Schmied
[7] *lief nicht mehr* wouldn't run any more

vor den Bären[8]. Dort ließ er tanken, ohne daß jemand in der vornehmen und unbeweglichen Gestalt einen Toten erkannt hätte[9]. Das war Clenin, der Skandale haßte, nur recht, und so schwieg er.

Wie er jedoch den See entlang gegen Biel fuhr, verdich- 5 tete sich der Nebel wieder, und von der Sonne war nichts mehr zu sehen. Der Morgen wurde finster wie der letzte Tag[10]. Clenin geriet mitten in eine lange Automobilkette, ein Wagen hinter dem andern, die aus einem unerklärlichen Grunde noch langsamer fuhr, als es in diesem Nebel nötig 10 gewesen wäre, fast ein Leichenzug, wie Clenin unwillkürlich dachte. Der Tote saß bewegungslos neben ihm, und nur manchmal, bei einer Unebenheit der Straße etwa, nickte er mit dem Kopf wie ein alter, weiser Chinese, so daß Clenin es immer weniger zu versuchen wagte, die andern Wagen 15 zu überholen. Sie erreichten Biel mit großer Verspätung.

Während man die Untersuchung der Hauptsache nach[11] von Biel aus[12] einleitete, wurde in Bern der traurige Fund Kommissär Bärlach übergeben, der auch Vorgesetzter des Toten gewesen war. 20

Bärlach hatte lange im Auslande gelebt und sich in Konstantinopel und dann in Deutschland als bekannter Kriminalist hervorgetan. Zuletzt war er der Kriminalpolizei Frankfurt am Main vorgestanden, doch kehrte er schon dreiunddreißig[13] in seine Vaterstadt zurück. Der Grund 25 seiner Heimreise war nicht so sehr seine Liebe zu Bern, das er oft sein goldenes Grab nannte, sondern eine Ohrfeige gewesen, die er einem hohen Beamten der damaligen neuen

---

8 *den Bären = Hotel Bären*
9 *ohne daß jemand . . . erkannt hätte* "without that anyone would have recognized" = without anyone's recognizing
10 *der letzte Tag* Doomsday
11 *der Hauptsache nach* "according to the main thing" = in the main
12 *von Biel aus* from Biel (as headquarters) (The phrase *von Biel*, without the following *aus*, would mean "away from Biel" or "of Biel.")
13 *dreiunddreißig* in 1933 (the year the Nazis came to power in Germany)

5

deutschen Regierung gegeben hatte. In Frankfurt wurde damals über diese Gewalttätigkeit viel gesprochen, und in Bern bewertete man sie, je nach dem Stand der europäischen Politik, zuerst als empörend, dann als verurteilungswert, aber
5 doch noch begreiflich, und endlich sogar als die einzige für einen Schweizer mögliche Haltung; dies aber erst fünfundvierzig[14].

Das erste, was Bärlach im Fall Schmied tat, war, daß er anordnete, die Angelegenheit die ersten Tage geheim zu
10 behandeln — eine Anordnung, die er nur mit dem Einsatz seiner ganzen Persönlichkeit durchzubringen vermochte. «Man weiß zu wenig, und die Zeitungen sind sowieso das Überflüssigste, was in den letzten zweitausend Jahren erfunden worden ist», meinte er.
15 Bärlach schien sich von diesem geheimen Vorgehen offenbar viel zu versprechen, im Gegensatz zu seinem «Chef», Dr. Lucius Lutz, der auch auf der Universität über Kriminalistik las[15]. Dieser Beamte, in dessen stadtbernisches Geschlecht ein Basler Erbonkel wohltuend eingegriffen hatte[16],
20 war eben von einem Besuch der New Yorker und Chicagoer Polizei nach Bern zurückgekehrt und erschüttert «über den vorweltlichen Stand der Verbrecherabwehr der schweizerischen Bundeshauptstadt», wie er zu Polizeidirektor Freiberger anläßlich einer gemeinsamen Heimfahrt im Tram
25 offen sagte.

Noch am gleichen Morgen ging Bärlach — nachdem er noch einmal mit Biel telephoniert hatte — zu der Familie Schönler an der Bantigerstraße, wo Schmied gewohnt hatte.

---

[14] *fünfundvierzig* 1945 (the year the Nazis were finally defeated)
[15] *las* "read" (past tense), but here means "lectured" or "gave a course"
[16] *in dessen stadtbernisches Geschlecht ein Basler Erbonkel wohltuend eingegriffen hatte* into whose [pure] Bernese family a rich uncle from Basel had beneficently "intervened," i.e., by marrying into the family. (The word *stadtbernisch* means "city of Bern" rather than "canton of Bern." The implication of the sentence is that the city of Bern is more provincial than the city of Basel, and that a little Basel blood in the family — rich blood especially — was all to the good.)

6

Bärlach schritt zu Fuß die Altstadt hinunter und über die Nydeckbrücke, wie er es immer gewohnt war, denn Bern war seiner Ansicht nach eine viel zu kleine Stadt für «Trams und dergleichen».

Die Haspeltreppen stieg er etwas mühsam hinauf, denn 5 er war über sechzig und spürte das in solchen Momenten; doch befand er sich bald vor dem Hause Schönler und läutete.

Es war Frau Schönler selbst, die öffnete, eine kleine, dicke, nicht unvornehme Dame, die Bärlach sofort einließ, 10 da sie ihn kannte.

«Schmied mußte diese Nacht dienstlich verreisen», sagte Bärlach, «ganz plötzlich mußte er gehen, und er hat mich gebeten, ihm etwas nachzuschicken. Ich bitte Sie, mich in sein Zimmer zu führen, Frau Schönler.» 15

Die Dame nickte, und sie gingen durch den Korridor an einem großen Bilde in schwerem Goldrahmen vorbei. Bärlach schaute hin, es war die Toteninsel.[17]

«Wo ist Herr Schmied denn?» fragte die dicke Frau, indem sie das Zimmer öffnete. 20

«Im Ausland», sagte Bärlach und schaute nach der Decke hinauf.

Das Zimmer lag zu ebener Erde[18], und durch die Gartentüre sah man in einen kleinen Park, in welchem alte, braune Tannen standen, die krank sein mußten, denn der 25 Boden war dicht mit Nadeln bedeckt. Es mußte das schönste Zimmer des Hauses sein[19]. Bärlach ging zum Schreibtisch und schaute sich aufs neue um. Auf dem Diwan lag eine Krawatte des Toten.

«Herr Schmied ist sicher in den Tropen, nicht wahr, Herr 30 Bärlach», fragte ihn Frau Schönler neugierig. Bärlach war etwas erschrocken: «Nein, er ist nicht in den Tropen, er ist mehr in der Höhe.»

Frau Schönler machte runde Augen und schlug die Hände

---

17 *die Toteninsel*   a painting in the romantic style by Arnold Böcklin (1827–1901)
18 *zu ebener Erde*   on the ground floor
19 *Es mußte . . . sein*   "It had to be" = It apparently was

7

über dem Kopf zusammen. ‹Mein Gott, im Himalaya?›
‹So ungefähr[20]›, sagte Bärlach, ‹Sie haben es beinahe erraten.› Er öffnete eine Mappe, die auf dem Schreibtisch
lag, und die er sogleich unter den Arm klemmte.
5 ‹Sie haben gefunden, was Sie Herrn Schmied nach-
schicken müssen?›
‹Das habe ich.›
Er schaute sich noch einmal um, vermied es aber, ein
zweites Mal nach der Krawatte zu blicken.
10 ‹Er ist der beste Untermieter, den wir je gehabt haben,
und nie gab's Geschichten mit Damen oder so[21]›, versicherte
Frau Schönler.
Bärlach ging zur Türe: ‹Hin und wieder werde ich einen
Beamten schicken oder selber kommen. Schmied hat noch
15 wichtige Dokumente hier, die wir vielleicht brauchen.›
‹Werde ich von Herrn Schmied eine Postkarte aus dem
Ausland erhalten?› wollte Frau Schönler noch wissen.
‹Mein Sohn sammelt Briefmarken.›
Aber Bärlach runzelte die Stirne und bedauerte, indem
20 er Frau Schönler nachdenklich ansah: ‹Wohl kaum[22], denn
von solchen dienstlichen Reisen schickt man gewöhnlich
keine Postkarten. Das ist verboten.›
Da schlug Frau Schönler aufs neue die Hände über dem
Kopf zusammen und meinte verzweifelt: ‹Was[23] die Polizei
25 nicht alles verbietet!›
Bärlach ging und war froh, aus dem Hause hinaus zu
sein.

---

[20] *So ungefähr*   Well, something like that
[21] *und nie gab's Geschichten mit Damen oder so*   and never any of
this business with women or the like
[22] *Wohl kaum*   Hardly
[23] *Was die Polizei nicht alles verbietet!*   "What all the police don't
prohibit!" = The things the police prohibit!

2

TIEF IN GEDANKEN versunken, aß er gegen seine Gewohnheit nicht in der Schmiedstube, sondern im Du Théâtre[1] zu Mittag, aufmerksam in der Mappe blätternd und lesend, die er von Schmieds Zimmer geholt hatte, und kehrte dann nach einem kurzen Spaziergang über die Bundesterrasse[2] gegen zwei Uhr auf sein Bureau zurück, wo ihn die Nachricht erwartete, daß der tote Schmied nun von Biel angekommen sei. Er verzichtete jedoch darauf, seinem ehemaligen Untergebenen einen Besuch abzustatten, denn er liebte Tote nicht und ließ sie daher meistens in Ruhe. Den Besuch bei Lutz hätte er auch gern unterlassen, doch mußte er sich fügen. Er verschloß Schmieds Mappe sorgfältig in seinem Schreibtisch, ohne sie noch einmal durchzublättern, zündete sich eine Zigarre an und ging in Lutzens Bureau, wohl wissend, daß sich der jedesmal über die Freiheit ärgerte, die sich der Alte mit seinem Zigarrenrauchen herausnahm[3]. Nur einmal vor Jahren hatte Lutz eine Bemerkung gewagt; aber mit einer verächtlichen Handbewegung hatte Bärlach

1 *Schmiedstube . . . Du Théâtre* names of restaurants
2 *Bundesterrasse* a terrace below the House of Parliament overlooking the Aare River
3 *daß sich der jedesmal über die Freiheit ärgerte, die sich der Alte mit seinem Zigarrenrauchen herausnahm* that he (*der = er*) always became annoyed at the liberty the old man took with his cigar smoking

9

geantwortet, er sei unter anderem zehn Jahre in türkischen Diensten gestanden und habe immer in den Zimmern seiner Vorgesetzten in Konstantinopel geraucht, eine Bemerkung, die um so gewichtiger war, als sie nie nachgeprüft werden 5 konnte.

Dr. Lucius Lutz empfing Bärlach nervös, da seiner Meinung nach noch nichts unternommen worden war, und wies ihm einen bequemen Sessel in der Nähe seines Schreibtisches an. «Noch nichts aus Biel?» fragte Bärlach.
10 «Noch nichts», antwortete Lutz.
«Merkwürdig», sagte Bärlach, «dabei arbeiten die[4] doch wie wild.»

Bärlach setzte sich und sah flüchtig nach den Traffelet-Bildern[5], die an den Wänden hingen, farbige Federzeich-
15 nungen, auf denen bald mit und bald ohne General unter einer großen flatternden Fahne Soldaten entweder von links nach rechts oder von rechts nach links marschierten.

«Es ist», begann Lutz, «wieder einmal mit einer immer neuen, steigenden Angst zu sehen, wie sehr die Kriminalistik
20 in diesem Lande noch in den Kinderschuhen steckt. Ich bin, weiß Gott, an vieles im Kanton gewöhnt[6], aber das Verfahren, wie man es hier einem toten Polizeileutnant gegenüber offenbar für natürlich ansieht, wirft ein so schreckliches Licht auf die berufliche Fähigkeit unserer Dorfpolizei,
25 daß ich noch jetzt erschüttert bin.»

«Beruhigen Sie sich, Doktor Lutz», antwortete Bärlach, «unsere Dorfpolizei ist ihrer Aufgabe sicher ebenso sehr gewachsen wie die Polizei von Chicago[7], und wir werden schon noch herausfinden, wer den Schmied getötet hat.»

---

4 *die = sie*
5 **Traffelet-Bildern** Friedrich Traffelet is a Bernese painter of local fame.
6 **an vieles im Kanton gewöhnt** used to a great deal in [this] canton
7 **ihrer Aufgabe sicher ebenso** *sehr gewachsen wie die Polizei von Chicago* certainly quite as equal (*gewachsen* "grown" = equal to, a match for) to its (i.e., their) task as the Chicago police

«Haben Sie irgendwen im Verdacht, Kommissär Bärlach?»

Bärlach sah Lutz lange an und sagte endlich: «Ja, ich
habe irgendwen im Verdacht, Doktor Lutz.»

«Wen denn?»   5

«Das kann ich Ihnen noch nicht sagen.»

«Nun, das ist ja interessant», sagte Lutz, «ich weiß, daß
Sie immer bereit sind, Kommissär Bärlach, einen Fehlgriff
gegen die großen Erkenntnisse der modernen wissenschaftlichen Kriminalistik zu beschönigen. Vergessen Sie jedoch 10
nicht, daß die Zeit fortschreitet und auch vor dem berühm-
testen Kriminalisten nicht haltmacht. Ich habe in New
York und Chicago Verbrechen gesehen, von denen Sie in
unserem lieben Bern doch wohl nicht die richtige Vorstellung
haben. Nun ist aber ein Polizeileutnant ermordet worden, 15
das sichere Anzeichen, daß es auch hier im Gebäude der
öffentlichen Sicherheit zu krachen beginnt, und da heißt es
rücksichtslos eingreifen[8].»

Gewiß, das tue er ja auch, antwortete Bärlach.

Dann sei es ja gut, entgegnete Lutz und hustete.   20

An der Wand tickte eine Uhr.

Bärlach legte seine linke Hand sorgfältig auf den Magen
und drückte mit der rechten die Zigarre im Aschenbecher
aus, den ihm Lutz hingestellt hatte. Er sei, sagte er, seit
längerer Zeit nicht mehr so ganz gesund, der Arzt wenigstens 25
mache ein langes Gesicht. Er leide oft an Magenbeschwerden, und er bitte deshalb Doktor Lutz[9], ihm einen Stellvertreter in der Mordsache Schmied beizugeben, der das Hauptsächliche ausführen könnte. Bärlach wolle dann den Fall
mehr vom Schreibtisch aus behandeln. Lutz war einver- 30

---

[8] *da heißt es rücksichtslos eingreifen* "there it means intervention
without consideration" = this requires taking a strong hand, i.e.,
to prevent the breaking down of security

[9] *Doktor Lutz* Europeans make wider use of academic titles of
address than do Americans. Lutz has a *Dr. iur.* in juridical science,
not an M.D.

standen. «Wen denken Sie sich als Stellvertreter?» fragte er. «Tschanz», sagte Bärlach. «Er ist zwar noch in den Ferien im Berner Oberland, aber man kann ihn ja heimholen.»
5 Lutz entgegnete: «Ich bin mit ihm einverstanden. Tschanz ist ein Mann, der immer bemüht ist, kriminalistisch auf der Höhe zu bleiben[10].»
Dann wandte er Bärlach den Rücken zu und schaute zum Fenster auf den Waisenhausplatz[11] hinaus, der voller Kinder
10 war.
Plötzlich überkam ihn eine unbändige Lust, mit Bärlach über den Wert der modernen wissenschaftlichen Kriminalistik zu disputieren. Er wandte sich um, aber Bärlach war schon gegangen.

15 Wenn es auch schon gegen fünf ging, beschloß Bärlach doch noch an diesem Nachmittag nach Twann zum Tatort zu fahren. Er nahm Blatter mit, einen großen aufgeschwemmten Polizisten, der nie ein Wort sprach, den Bärlach deshalb liebte, und der auch den Wagen führte. In Twann wurden
20 sie von Clenin empfangen, der ein trotziges Gesicht machte, da er einen Tadel erwartete. Der Kommissär war jedoch freundlich, schüttelte Clenin die Hand und sagte, daß es ihn freue, einen Mann kennenzulernen, der selber denken könne[12]. Clenin war über dieses Wort stolz, obgleich er nicht
25 recht wußte, wie es vom Alten gemeint war. Er führte Bärlach die Straße gegen den Tessenberg hinauf zum Tatort. Blatter trottete nach und war mürrisch, weil man zu Fuß ging.
Bärlach verwunderte sich über den Namen Lamboing.
30 «Lamlingen heißt das auf deutsch[13]», klärte ihn Clenin auf.

[10] der immer bemüht ist, kriminalistisch auf der Höhe zu bleiben who always endeavors to remain on the highest plane (i.e., up to date) criminologically
[11] Waisenhausplatz Orphanage Square. The present municipal police headquarters building, overlooking the square, was once the city orphanage. A school stands cater-cornered from the building.
[12] der selber denken könne who could think for himself
[13] Many place names in this bilingual part of Switzerland have both French and German forms.

12

«So, so», meinte Bärlach, «das ist schöner.»
Sie kamen zum Tatort. Die Straßenseite zu ihrer Rechten
lag gegen Twann und war mit einer Mauer eingefaßt.
«Wo war der Wagen, Clenin?»
«Hier», antwortete der Polizist und zeigte auf die Straße, 5
«fast in der Straßenmitte», und, da Bärlach kaum hin-
schaute: «Vielleicht wäre es besser gewesen, ich hätte den
Wagen mit dem Toten noch hier stehenlassen.»
«Wieso?» sagte Bärlach und schaute die Jurafelsen empor.
«Tote schafft man so schnell als möglich fort, die haben 10
nichts mehr unter uns zu suchen[14]. Sie haben schon recht
getan, den Schmied nach Biel zu führen.»
Bärlach trat an den Straßenrand und sah nach Twann
hinunter. Nur Weinberge lagen zwischen ihm und der
alten Ansiedlung. Die Sonne war schon untergegangen. Die 15
Straße krümmte sich wie eine Schlange zwischen den Häu-
sern, und am Bahnhof stand ein langer Güterzug.
«Hat man denn nichts gehört da unten, Clenin?» fragte
er. «Das Städtchen ist doch ganz nah, da müßte man jeden
Schuß hören.» 20
«Man hat nichts gehört als den Motor die Nacht durch
laufen, aber man hat nichts Schlimmes dabei gedacht[15].»
«Natürlich, wie sollte man auch.»
Er sah wieder auf die Rebberge. «Wie ist der Wein
dieses Jahr, Clenin?» 25
«Gut. Wir können ihn ja dann versuchen.»
«Das ist wahr, ein Glas Neuen[16] möchte ich jetzt gerne
trinken.»
Und er stieß mit seinem rechten Fuß auf etwas Hartes.
Er bückte sich und hielt ein vorne breitgedrücktes, läng- 30
liches, kleines Metallstück zwischen den hageren Fingern.
Clenin und Blatter sahen neugierig hin.

---

[14] *die haben nichts mehr unter uns zu suchen* "they have nothing
more to seek among us" = they no longer have any business with
us here
[15] *aber man hat nichts Schlimmes dabei gedacht* "but one thought
nothing bad in connection with it" = but that didn't lead anyone
to think that something was wrong
[16] *Glas Neuen* a glass of new wine

13

‹Eine Revolverkugel›, sagte Blatter.
‹Wie Sie das wieder gemacht haben[17], Herr Kommissär!›
staunte Clenin.
‹Das ist nur Zufall›, sagte Bärlach, und sie gingen nach
5 Twann hinunter.

[17] *Wie Sie das wieder gemacht haben*   "How you did that again" =
How on earth did you find that

3

DER NEUE TWANNER[1] schien Bärlach nicht gutgetan zu haben, denn er erklärte am nächsten Morgen, er habe die ganze Nacht erbrechen müssen. Lutz, der dem Kommissär auf der Treppe begegnete, war über dessen Befinden ehrlich besorgt und riet ihm, zum Arzt zu gehen. 5

«Schon, schon[2]», brummte Bärlach und meinte, er liebe die Ärzte noch weniger als die moderne wissenschaftliche Kriminalistik.

In seinem Bureau ging es ihm besser[3]. Er setzte sich hinter den Schreibtisch und holte die eingeschlossene Mappe 10 des Toten hervor.

Bärlach war noch immer in die Mappe vertieft, als sich um zehn Uhr Tschanz bei ihm meldete, der schon am Vortage spät nachts aus seinen Ferien heimgekehrt war.

Bärlach fuhr zusammen, denn im ersten Moment glaubte 15 er, der tote Schmied komme zu ihm. Tschanz trug den gleichen Mantel wie Schmied und einen ähnlichen Filzhut. Nur das Gesicht war anders; es war ein gutmütiges, volles Antlitz.

«Es ist gut, daß Sie da sind, Tschanz», sagte Bärlach. 20 «Wir müssen den Fall Schmied besprechen. Sie sollen ihn

---

[1] *Der neue Twanner*   The new Twann wine
[2] *Schon, schon*   yes, yes
[3] *ging es ihm besser*   he felt better

der Hauptsache nach übernehmen, ich bin nicht so gesund.›

‹Ja›, sagte Tschanz, ‹ich weiß Bescheid[4].›

Tschanz setzte sich, nachdem er den Stuhl an Bärlachs Schreibtisch gerückt hatte, auf den er nun den linken Arm 5 legte. Auf dem Schreibtisch war die Mappe Schmieds aufgeschlagen.

Bärlach lehnte sich in seinen Sessel zurück. ‹Ihnen kann ich es ja sagen›, begann er, ‹ich habe zwischen Konstantinopel und Bern Tausende von Polizeimännern gesehen, 10 gute und schlechte. Viele waren nicht besser als das arme Gesindel, mit dem wir die Gefängnisse aller Art bevölkern, nur daß sie zufällig auf der andern Seite des Gesetzes standen. Aber auf den Schmied lasse ich nichts kommen[5], der war der begabteste. Der war berechtigt, uns alle einzustek-15 ken[6]. Er war ein klarer Kopf, der wußte, was er wollte, und verschwieg, was er wußte, um nur dann zu reden, wenn es nötig war. An dem müssen wir uns ein Beispiel nehmen, Tschanz, der war uns über[7].›

Tschanz wandte seinen Kopf langsam Bärlach zu, denn 20 er hatte zum Fenster hinausgesehen, und sagte: ‹Das ist möglich.›

Bärlach sah es ihm an, daß er nicht überzeugt war.

‹Wir wissen nicht viel über seinen Tod›, fuhr der Kommissär fort, ‹diese Kugel, das ist alles›, und damit legte er 25 die Kugel auf den Tisch, die er in Twann gefunden hatte.

Tschanz nahm sie und schaute sie an.

‹Die kommt aus einem Armeerevolver›, sagte er und gab die Kugel wieder zurück.

Bärlach klappte die Mappe auf seinem Schreibtisch zu: 30 ‹Vor allem wissen wir nicht, was Schmied in Twann oder

---

4 *ich weiß Bescheid* I know
5 *auf den Schmied lasse ich nichts kommen* "I let nothing come upon Schmied" = I won't let anything be said against Schmied
6 *Der war berechtigt, uns alle einzustecken* "He was justified to put us all in his pocket" = He was a better policeman than the whole lot of us
7 *An dem müssen wir uns ein Beispiel nehmen, Tschanz, der war uns über* We should take him as a model, Tschanz; he was above us

16

Lamlingen zu suchen hatte. Dienstlich war er nicht am Bielersee, ich hätte von dieser Reise gewußt. Es fehlt uns jedes Motiv, das seine Reise dorthin auch nur ein wenig wahrscheinlich[8] machen würde.»

Tschanz hörte auf das, was Bärlach sagte, nur halb hin, ₁ legte ein Bein über das andere und bemerkte: «Wir wissen nur, wie Schmied ermordet wurde.»

«Wie wollen Sie das nun wieder wissen[9]?» fragte der Kommissär nicht ohne Überraschung nach einer Pause.

«Schmieds Wagen hat das Steuer links, und Sie haben ₁₀ die Kugel am linken Straßenrand gefunden, vom Wagen aus gesehen[10]; dann hat man in Twann den Motor die Nacht durch laufen gehört. Schmied wurde vom Mörder angehalten, wie er von Lamboing nach Twann hinunterfuhr. Wahrscheinlich kannte er den Mörder, weil er sonst nicht gestoppt ₁₅ hätte. Schmied öffnete die rechte Wagentüre, um den Mörder aufzunehmen, und setzte sich wieder ans Steuer. In diesem Augenblick wurde er erschossen. Schmied muß keine Ahnung von der Absicht des Mannes gehabt haben, der ihn getötet hat.» ₂₀

Bärlach überlegte sich das noch einmal und sagte dann: «Jetzt will ich mir doch eine Zigarre anzünden», und darauf, wie er sie in Brand gesteckt hatte: «Sie haben recht, Tschanz, so ähnlich muß es zugegangen sein[11] zwischen Schmied und seinem Mörder, ich will Ihnen das glauben[12]. ₂₅ Aber das erklärt immer noch nicht, was Schmied auf der Straße von Twann nach Lamlingen zu suchen hatte.»

Tschanz gab zu bedenken[13], daß Schmied unter seinem Mantel einen Gesellschaftsanzug getragen habe.

---

[8] *auch nur ein wenig wahrscheinlich* the least bit probable
[9] *Wie wollen Sie das nun wieder wissen?* "How would you know that now again?" = Just how did you figure that out?
[10] *vom Wagen aus gesehen* "seen from the car out" = [on the left side of the road] looking out from [a position in] the car
[11] *so ähnlich muß es zugegangen sein* that's about the way it must have happened
[12] *ich will Ihnen das glauben* I will believe you there
[13] *Tschanz gab zu bedenken* "Tschanz gave to consider" = Tschanz suggested they bear in mind

«Das wußte ich ja gar nicht», sagte Bärlach.

«Ja, haben Sie denn den Toten nicht gesehen?»

«Nein, ich liebe Tote nicht.»

«Aber es stand doch auch im Protokoll.»

5 «Ich liebe Protokolle noch weniger.»

Tschanz schwieg.

Bärlach jedoch konstatierte: «Das macht den Fall nur noch komplizierter. Was wollte Schmied mit einem Gesellschaftsanzug in der Twannbachschlucht?»

10 Das mache den Fall vielleicht einfacher, antwortete Tschanz; es wohnten in der Gegend von Lamboing sicher nicht viele Leute, die in der Lage seien, Gesellschaften zu geben, an denen man einen Frack trage.

Er zog einen kleinen Taschenkalender hervor und er-
15 klärte, daß dies Schmieds Kalender sei.

«Ich kenne ihn», nickte Bärlach, «es steht nichts drin, was wichtig ist.»

Tschanz widersprach: «Schmied hat sich für Mittwoch den zweiten November ein G notiert. An diesem Tage ist
20 er kurz vor Mitternacht ermordet worden, wie der Gerichtsmediziner meint. Ein weiteres G steht am Mittwoch, den sechsundzwanzigsten und wieder am Dienstag, den achtzehnten Oktober.»

«G kann alles Mögliche heißen», sagte Bärlach, «ein
25 Frauenname oder sonst was.»

«Ein Frauenname kann es kaum sein», erwiderte Tschanz, «Schmieds Freundin heißt Anna, und Schmied war solid.»

«Von der[14] weiß ich auch nichts», gab der Kommissär zu; und wie er sah, daß Tschanz über seine Unkenntnis
30 erstaunt war, sagte er: «Mich interessiert eben nur, wer Schmieds Mörder ist, Tschanz.»

Der sagte höflich: «Natürlich», schüttelte den Kopf und lachte: «Was Sie doch für ein Mensch sind[15], Kommissär Bärlach.»

35 Bärlach sprach ganz ernsthaft: «Ich bin ein großer alter schwarzer Kater, der gern Mäuse frißt.»

---

[14] *der = ihr*
[15] *Was Sie doch für ein Mensch sind*   What a person you are

18

Tschanz wußte nicht recht, was er darauf erwidern sollte, und erklärte endlich: «An den Tagen, die mit G bezeichnet sind, hat Schmied jedesmal den Frack angezogen und ist mit seinem Mercedes davongefahren.»

«Woher wissen Sie das wieder?»

«Von Frau Schönler.»

«So so», antwortete Bärlach und schwieg. Aber dann meinte er: «Ja, das sind Tatsachen.»

Tschanz schaute dem Kommissär aufmerksam ins Gesicht, zündete sich eine Zigarette an und sagte zögernd: «Herr Doktor Lutz sagte mir, Sie hätten einen bestimmten Verdacht.»

«Ja, den habe ich, Tschanz.»

«Da ich nun Ihr Stellvertreter in der Mordsache Schmied geworden bin, wäre es nicht vielleicht besser, wenn Sie mir sagen würden, gegen wen sich Ihr Verdacht richtet, Kommissär Bärlach?»

«Sehen Sie», antwortete Bärlach langsam, ebenso sorgfältig jedes Wort überlegend wie Tschanz, «mein Verdacht ist nicht ein kriminalistisch wissenschaftlicher Verdacht. Ich habe keine Gründe, die ihn rechtfertigen. Sie haben gesehen, wie wenig ich weiß. Ich habe eigentlich nur eine Idee, wer als Mörder in Betracht kommen könnte; aber der, den es angeht, muß die Beweise, daß er es gewesen ist, noch liefern.»

«Wie meinen Sie das, Kommissär?» fragte Tschanz.

Bärlach lächelte: «Nun, ich muß warten, bis die Indizien zum Vorschein gekommen sind, die seine Verhaftung rechtfertigen.»

«Wenn ich mit Ihnen zusammenarbeiten soll, muß ich wissen, gegen wen sich meine Untersuchung richten muß», erklärte Tschanz höflich.

«Vor allem müssen wir objektiv bleiben. Das gilt für mich, der ich einen Verdacht habe, und für Sie, der den Fall zur Hauptsache untersuchen wird. Ob sich mein Verdacht bestätigt, weiß ich nicht. Ich warte Ihre Untersuchung ab. Sie haben Schmieds Mörder festzustellen, ohne Rücksicht darauf, daß ich einen bestimmten Verdacht habe.

19

Wenn der, den ich verdächtige, der Mörder ist, werden Sie selbst auf ihn stoßen, freilich im Gegensatz zu mir auf eine einwandfreie, wissenschaftliche Weise; wenn er es nicht ist, werden Sie den Richtigen gefunden haben, und es wird 5 nicht nötig gewesen sein, den Namen des Menschen zu wissen, den ich falsch verdächtigt habe.»

Sie schwiegen eine Weile, dann fragte der Alte: «Sind Sie mit unserer Arbeitsweise einverstanden?»

Tschanz zögerte einen Augenblick, bevor er antwortete: 10 «Gut, ich bin einverstanden.»

«Was wollen Sie nun tun, Tschanz?»

Der Gefragte trat zum Fenster: «Für heute hat sich Schmied ein G angezeichnet. Ich will nach Lamboing fahren und sehen, was ich herausfinde. Ich fahre um sieben, 15 zur selben Zeit wie das Schmied auch immer getan hat, wenn er nach dem Tessenberg gefahren ist.»

Er kehrte sich wieder um und fragte höflich, aber wie zum Scherz: «Fahren Sie mit, Kommissär?»

«Ja, Tschanz, ich fahre mit», antwortete der unerwartet. 20 «Gut», sagte Tschanz etwas verwirrt, denn er hatte nicht damit gerechnet, «um sieben.»

In der Türe kehrte er sich noch einmal um: «Sie waren doch auch bei Frau Schönler, Kommissär Bärlach. Haben Sie denn dort nichts gefunden?» Der Alte antwortete nicht 25 sogleich, sondern verschloß erst die Mappe im Schreibtisch und nahm dann den Schlüssel zu sich.

«Nein, Tschanz», sagte er endlich, «ich habe nichts gefunden. Sie können nun gehen.»

4

UM SIEBEN UHR fuhr Tschanz zu Bärlach in den Altenberg[1], wo der Kommissär seit dreiunddreißig in einem Hause
an der Aare wohnte. Es regnete, und der schnelle Polizeiwagen kam in der Kurve bei der Nydeckbrücke ins Gleiten[2].
Tschanz fing ihn jedoch gleich wieder auf[3]. In der Altenbergstraße[4] fuhr er langsam, denn er war noch nie bei
Bärlach gewesen[5] und spähte durch die nassen Scheiben
nach dessen Hausnummer, die er mühsam erriet. Doch
regte sich auf sein wiederholtes Hupen niemand im Haus.
Tschanz verließ den Wagen und eilte durch den Regen zur
Haustüre. Er drückte nach kurzem Zögern die Falle nieder,
da er in der Dunkelheit keine Klingel finden konnte. Die
Türe war unverschlossen, und Tschanz trat in einen Vorraum. Er sah sich einer halboffenen Türe gegenüber, durch
die ein Lichtstrahl fiel. Er schritt auf die Türe zu und
klopfte, erhielt jedoch keine Antwort, worauf er sie ganz
öffnete. Er blickte in eine Halle. An den Wänden standen

1 *Altenberg* a middle class residential district to the north of
the city center on the banks of the Aare River
2 *kam . . . ins Gleiten* went into a skid
3 *Tschanz fing ihn jedoch gleich wieder auf* "Tschanz caught it
up again immediately, however" = Tschanz quickly brought it
back under control, however
4 *Altenbergstraße* Altenberg Street
5 *er war noch nie bei Bärlach gewesen* he had never been to Bärlach's house

Bücher, und auf dem Diwan lag Bärlach. Der Kommissär schlief, doch schien er schon zur Fahrt an den Bielersee bereit zu sein, denn er war im Wintermantel. In der Hand hielt er ein Buch. Tschanz hörte seine ruhigen Atemzüge 5 und war verlegen. Der Schlaf des Alten und die vielen Bücher kamen ihm unheimlich vor. Er sah sich sorgfältig um. Der Raum besaß keine Fenster, doch in jeder Wand eine Tür[6], die zu weiteren Zimmern führen mußte. In der Mitte stand ein großer Schreibtisch. Tschanz erschrak, als 10 er ihn erblickte, denn auf ihm lag eine große, eherne Schlange.

«Die habe ich aus Konstantinopel mitgebracht», kam nun eine ruhige Stimme vom Diwan her, und Bärlach erhob sich.

15 «Sie sehen, Tschanz, ich bin schon im Mantel. Wir können gehen.»

«Entschuldigen Sie mich», sagte der Angeredete immer noch überrascht, «Sie schliefen und haben mein Kommen nicht gehört. Ich habe keine Klingel an der Haustüre ge-20 funden.»

«Ich habe keine Klingel. Ich brauche sie nicht; die Haustüre ist nie geschlossen.»

«Auch wenn Sie fort sind?»

«Auch wenn ich fort bin. Es ist immer spannend, heim-25 zukehren und zu sehen, ob einem etwas gestohlen worden ist oder nicht.»

Tschanz lachte und nahm die Schlange aus Konstantinopel in die Hand.

«Mit der bin ich einmal fast getötet worden», bemerkte 30 der Kommissär etwas spöttisch, und Tschanz erkannte erst jetzt, daß der Kopf des Tieres als Griff zu benutzen war und dessen Leib die Schärfe einer Klinge besaß. Verdutzt betrachtete er die seltsamen Ornamente, die auf der schrecklichen Waffe funkelten. Bärlach stand neben ihm.

«Seid klug wie die Schlangen», sagte er und musterte

6 [war] eine Tür

22

Tschanz lange und nachdenklich. Dann lächelte er: «Und sanft wie die Tauben», und tippte Tschanz leicht auf die Schultern. «Ich habe geschlafen. Seit Tagen das erste Mal. Der verfluchte Magen.»

«Ist es denn so schlimm», fragte Tschanz.   5

«Ja, es ist so schlimm», entgegnete der Kommissär kaltblütig.

«Sie sollten zu Hause bleiben, Herr Bärlach, es ist kaltes Wetter und es regnet.»

Bärlach schaute Tschanz aufs neue an und lachte: «Un-10 sinn, es gilt einen Mörder zu finden. Das könnte Ihnen gerade so passen, daß[7] ich zu Hause bleibe.»

Wie sie nun im Wagen saßen und über die Nydeckbrücke fuhren, sagte Bärlach: «Warum fahren Sie nicht über den Aargauerstalden[8] nach Zollikofen, Tschanz, das ist doch 15 näher als durch die Stadt?»

«Weil ich nicht über Zollikofen-Biel[9] nach Twann will, sondern über Kerzers-Erlach.»

«Das ist eine ungewöhnliche Route, Tschanz.»

«Eine gar nicht so ungewöhnliche, Kommissar.»   20

Sie schwiegen wieder. Die Lichter der Stadt glitten an ihnen vorbei. Aber wie sie nach Bethlehem kamen, fragte Tschanz:

«Sind Sie schon einmal mit Schmied gefahren?»

«Ja, öfters. Er war ein vorsichtiger Fahrer.» Und Bär-25 lach blickte nachdenklich auf den Geschwindigkeitsmesser, der fast Hundertzehn[10] zeigte.

Tschanz mäßigte die Geschwindigkeit ein wenig. «Ich bin einmal mit Schmied gefahren, langsam wie der Teufel,

[7] *Das könnte Ihnen gerade so passen, daß* "That could just suit you thus that" = That would suit you fine if
[8] *Aargauerstalden* A road near Bärlach's house leading directly to the road to Biel and Twann via Zollikofen. Tschanz has crossed this road, recrossed the bridge, and now intends driving through the city again to go by the other route.
[9] *Zollikofen-Biel* the road to Biel via Zollikofen (See maps for the routes mentioned.)
[10] *Hundertzehn* 110 kilometers per hour

23

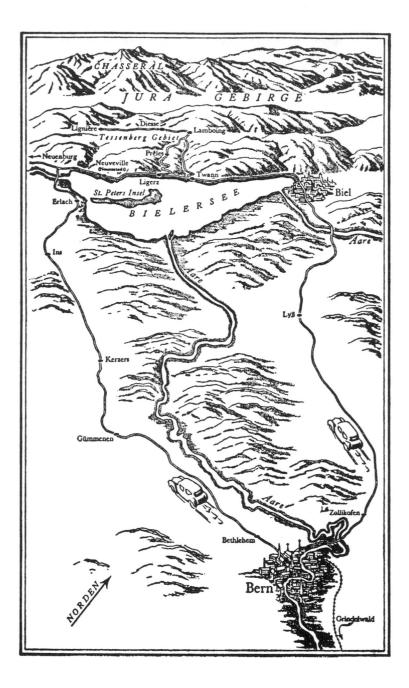

und ich erinnere mich, daß er seinem Wagen einen sonderbaren Namen gegeben hatte. Er nannte ihn, als er tanken mußte. Können Sie sich an diesen Namen erinnern? Er ist mir entfallen.»

«Er nannte seinen Wagen den blauen Charon», antwortete Bärlach.

«Charon ist ein Name aus der griechischen Sage, nicht wahr?»

«Charon fuhr die Toten in die Unterwelt hinüber, Tschanz.»

«Schmied hatte reiche Eltern und durfte das Gymnasium besuchen. Das konnte sich unsereiner nicht leisten. Da wußte er eben[11], wer Charon war, und wir wissen es nicht.»

Bärlach steckte die Hände in die Manteltaschen und blickte von neuem auf den Geschwindigkeitsmesser. «Ja, Tschanz», sagte er, «Schmied war gebildet, konnte Griechisch und Lateinisch und hatte eine große Zukunft vor sich als Studierter, aber trotzdem würde ich nicht mehr als Hundert fahren.»

Kurz nach Gümmenen, bei einer Tankstelle, hielt der Wagen jäh an. Ein Mann trat zu ihnen und wollte sie bedienen.

«Polizei», sagte Tschanz. «Wir müssen eine Auskunft haben.»

Sie sahen undeutlich ein neugieriges und etwas erschrockenes Gesicht, das sich in den Wagen beugte.

«Hat bei Ihnen ein Autofahrer vor zwei Tagen angehalten, der seinen Wagen den blauen Charon nannte?»

Der Mann schüttelte verwundert den Kopf, und Tschanz fuhr weiter. «Wir werden den nächsten[12] fragen.»

An der Tankstelle von Kerzers wußte man auch nichts. Bärlach brummte: «Was Sie treiben, hat keinen Sinn.»

Bei Erlach hatte Tschanz Glück. So einer sei am Montagabend dagewesen, erklärte man ihm.

---

[11] *Da wußte er eben* So he knew
[12] *den nächsten* the next [gas station owner]

«Sehen Sie», meinte Tschanz, wie sie bei Landeron in die
Straße Neuenburg-Biel einbogen, «jetzt wissen wir, daß
Schmied am Montagabend über Kerzers-Ins gefahren ist.»
«Sind Sie sicher?» fragte der Kommissär.
5 «Ich habe Ihnen den lückenlosen Beweis geliefert.»
«Ja, der Beweis ist lückenlos. Aber was nützt Ihnen das,
Tschanz?» wollte Bärlach wissen.
«Das ist nun eben so[13]. Alles, was wir wissen, hilft uns
weiter», gab der zur Antwort.
10 «Da haben Sie wieder einmal recht», sagte darauf der
Alte und spähte nach dem Bielersee. Es regnete nicht
mehr. Nach Neuveville kam der See aus den Nebelfetzen
zum Vorschein. Sie fuhren in Ligerz ein. Tschanz fuhr
langsam und suchte die Abzweigung nach Lamboing.
15 Nun kletterte der Wagen die Weinberge hinauf. Bärlach öffnete das Fenster und blickte auf den See hinunter.
Über der Petersinsel standen einige Sterne. Im Wasser
spiegelten sich die Lichter, und über den See raste ein
Motorboot. Spät um diese Jahreszeit, dachte Bärlach. Vor
20 ihnen in der Tiefe lag Twann und hinter ihnen Ligerz.
Sie nahmen eine Kurve und fuhren nun gegen den Wald,
den sie vor sich in der Nacht ahnten. Tschanz schien etwas
unsicher und meinte, vielleicht gehe dieser Weg nur nach
Schernelz. Als ihnen ein Mann entgegenkam, stoppte er.
25 «Geht es hier nach Lamboing?»
«Nur immer weiter und bei der weißen Häuserreihe am
Waldrand rechts in den Wald hinein[14]», antwortete der
Mann, der in einer Lederjacke steckte[15] und seinem Hündchen pfiff, das weiß mit einem schwarzen Kopf im Schein-
30 werferlicht tänzelte.
«Komm, Ping-Ping!»

---

[13] *Das ist nun eben so* "That is now exactly so" = That's the way
it is
[14] *Nur immer weiter und bei der weißen Häuserreihe am Waldrand
rechts in den Wald hinein* Just [keep following this road] and
[turn] into the woods by the row of white houses at the edge of
the woods
[15] *der in einer Lederjacke steckte* who was wearing a leather jacket

26

Sie verließen die Weinberge und waren bald im Wald. Die Tannen schoben sich ihnen entgegen, endlose Säulen im Licht. Die Straße war schmal und schlecht, hin und wieder klatschte ein Ast gegen die Scheiben. Rechts von ihnen ging es steil hinunter. Tschanz fuhr so langsam, daß sie ein Wasser in der Tiefe rauschen hörten.

«Die Twannbachschlucht», erklärte Tschanz. «Auf der andern Seite kommt die Straße von Twann.»

Links stiegen Felsen in die Nacht und leuchteten immer wieder weiß auf. Sonst war alles dunkel, denn es war erst Neumond gewesen. Der Weg stieg nicht mehr, und der Bach rauschte jetzt neben ihnen. Sie bogen nach links und fuhren über eine Brücke. Vor ihnen lag eine Straße. Die Straße von Twann nach Lamboing. Tschanz hielt.

Er löschte die Scheinwerfer, und sie waren in völliger Finsternis.

«Was jetzt?» meinte Bärlach.

«Jetzt warten wir. Es ist zwanzig vor acht.»

5

WIE SIE NUN WARTETEN und es acht Uhr wurde, aber nichts geschah, sagte Bärlach, daß es nun Zeit sei, von Tschanz zu vernehmen, was er vorhabe.

«Nichts genau Berechnetes, Kommissär. So weit bin ich 5 im Fall Schmied nicht[1], und auch Sie tappen ja noch im Dunkeln, wenn Sie auch einen Verdacht haben. Ich setze heute alles auf die Möglichkeit, daß es diesen Abend dort, wo Schmied am Mittwoch war, eine Gesellschaft gibt, zu der vielleicht einige gefahren kommen[2]; denn eine Gesell-10 schaft, bei der man heutzutage den Frack trägt, muß ziemlich groß sein. Das ist natürlich nur eine Vermutung, Kommissär Bärlach, aber Vermutungen sind nun einmal in unserem Berufe da, um ihnen nachzugehen[3].»

Die Untersuchung über Schmieds Aufenthalt auf dem 15 Tessenberg durch die Polizei von Biel, Neuenstadt, Twann und Lamboing habe nichts zutage gebracht, warf der Kommissär ziemlich skeptisch in die Überlegungen seines Untergebenen ein.

[1] *So weit bin ich im Fall Schmied nicht* "I am not so far in the Schmied case" = I haven't gotten that far in the Schmied case [yet]

[2] *gefahren kommen* "come driving" = will come by car

[3] *aber Vermutungen sind nun einmal in unserem Berufe da, um ihnen nachzugehen* "but hunches are just there in our profession in order to follow them up" = but in our profession hunches exist to be followed up

28

Schmied sei eben einem Mörder zum Opfer gefallen, der geschickter als die Polizei von Biel und Neuenstadt sein müsse, entgegnete Tschanz.

Bärlach brummte, wie er das wissen wolle?

«Ich verdächtige niemanden», sagte Tschanz. «Aber ich habe Respekt vor dem, der den Schmied getötet hat; insofern hier Respekt am Platze ist.»

Bärlach hörte unbeweglich zu, die Schultern etwas hochgezogen: «Und Sie wollen diesen Mann fangen, Tschanz, vor dem Sie Respekt haben?»

«Ich hoffe, Kommissär.»

Sie schwiegen wieder und warteten; da leuchtete der Wald von Twann her auf. Ein Scheinwerfer tauchte sie in grelles Licht. Eine Limousine fuhr an ihnen Richtung Lamboing[4] vorbei und verschwand in der Nacht.

Tschanz setzte den Motor in Gang. Zwei weitere Automobile kamen daher, große, dunkle Wagen voller Menschen. Tschanz fuhr ihnen nach.

Der Wald hörte auf. Sie kamen an einem Restaurant vorbei, dessen Schild im Lichte einer offenen Türe stand, an Bauernhäusern[5], während vor ihnen das Schlußlicht des letzten Wagens leuchtete.

Sie erreichten die weite Ebene des Tessenbergs. Der Himmel war reingefegt, riesig brannten die sinkende Wega[6], die aufsteigende Capella, Aldebaran und die Feuerflamme des Jupiter am Himmel.

Die Straße wandte sich nach Norden, und vor ihnen zeichneten sich die dunklen Linien des Spitzbergs und des Chasserals ab, zu deren Füßen einige Lichter flackerten, die Dörfer Lamboing, Diesse und Nods.

Da bogen die Wagen vor ihnen nach links in einen Feldweg ein, und Tschanz hielt. Er drehte die Scheibe nieder, um sich hinausbeugen zu können. Im Felde draußen erkann-

[4] *Richtung Lamboing*   in the direction of Lamboing
[5] *an Bauernhäusern: Sie kamen an einem Restaurant . . . , an Bauernhäusern . . .*
[6] *Wega . . . Capella, Aldebaran . . . Jupiter*   the stars Vega, Capella, and Aldebaran, and the planet Jupiter

ten sie undeutlich ein Haus, von Pappeln umrahmt, dessen Eingang erleuchtet war und vor dem die Wagen hielten. Die Stimmen drangen herüber, dann ergoß sich alles[7] ins Haus, und es wurde still. Das Licht über dem Eingang erlosch. 5 «Sie erwarten niemand mehr», sagte Tschanz. Bärlach stieg aus und atmete die kalte Nachtluft. Es tat ihm wohl, und er schaute zu, wie Tschanz den Wagen über die rechte Straßenseite hinaus halb in die Matte steuerte, denn der Weg nach Lamboing war schmal. Nun stieg 10 auch Tschanz aus und kam zum Kommissär. Sie schritten über den Feldweg auf das Haus im Felde zu. Der Boden war lehmig und Pfützen hatten sich angesammelt, es hatte auch hier geregnet.

Dann kamen sie an eine niedere Mauer, doch war das 15 Tor geschlossen, das sie unterbrach. Seine rostigen Eisenstangen überragten die Mauer, über die sie zum Hause blickten.

Der Garten war kahl, und zwischen den Pappeln lagen wie große Tiere die Limousinen; Lichter waren keine zu 20 erblicken[8]. Alles machte einen öden Eindruck.

In der Dunkelheit erkannten sie mühsam, daß in der Mitte der Gittertüre ein Schild befestigt war. An einer Stelle mußte sich die Tafel gelöst haben; sie hing schräg. Tschanz ließ die Taschenlampe aufleuchten[9], die er vom Wagen 25 mitgenommen hatte: auf dem Schild war ein großes G abgebildet.

Sie standen wiederum im Dunkeln. «Sehen Sie», sagte Tschanz, «meine Vermutung war richtig. Ich habe ins Blaue geschossen und ins Schwarze getroffen[10].» Und dann 30 bat er zufrieden:

«Geben Sie mir jetzt eine Zigarre, Kommissär, ich habe eine verdient.»

[7] *alles* "everything," i.e., everyone
[8] *Lichter waren keine zu erblicken* not a light was to be seen
[9] *ließ die Taschenlampe aufleuchten* lit the flashlight
[10] *Ich habe ins Blaue geschossen und ins Schwarze getroffen* "I shot into the blue and hit into the black" = I took a wild shot and hit the bull's-eye

Bärlach bot ihm eine an. «Nun müssen wir noch wissen, was G heißt.»

«Das ist kein Problem: Gastmann.»

«Wieso?»

«Ich habe im Telephonbuch nachgeschaut. Es gibt nur 5 zwei G in Lamboing.»

Bärlach lachte verblüfft, aber dann sagte er: «Kann es nicht auch das andere G sein?»

«Nein, das ist die Gendarmerie. Oder glauben Sie, daß ein Gendarm etwas mit dem Mord zu tun habe?» 10

«Es ist alles möglich[11], Tschanz», antwortete der Alte.

Und Tschanz zündete ein Streichholz an, hatte jedoch Mühe, im starken Wind, der jetzt die Pappeln voller Wut schüttelte, seine Zigarre in Brand zu stecken.

[11] *Es ist alles möglich*   Anything is possible

6

ER BEGREIFE NICHT, wunderte sich Bärlach, warum die
Polizei von Lamboing, Diesse und Lignière nicht auf diesen
Gastmann gekommen sei, sein Haus läge doch im offenen
Feld, von Lamboing aus leicht zu überblicken[1], und eine
5 Gesellschaft sei hier in keiner Weise zu verheimlichen, ja
geradezu auffallend[2], besonders in einem so kleinen Jura-
Nest. Tschanz antwortete, daß er dafür auch noch keine
Erklärung wisse.

Darauf beschlossen sie, um das Haus herumzugehen. Sie
10 trennten sich; jeder nahm eine andere Seite.

Tschanz verschwand in der Nacht und Bärlach war allein.
Er ging nach rechts. Er schlug den Mantelkragen hoch,
denn er fror. Er fühlte wieder den schweren Druck auf
dem Magen, die heftigen Stiche, und auf seiner Stirne lag
15 kalter Schweiß. Er ging der Mauer entlang und bog dann
wie sie nach rechts. Das Haus lag noch immer in völliger
Finsternis da.

Er blieb von neuem stehen und lehnte sich gegen die
Mauer. Er sah am Waldrand die Lichter von Lamboing,
20 worauf er weiterschritt. Aufs neue änderte die Mauer ihre

---

[1] *von Lamboing aus leicht zu überblicken* "from Lamboing out
easy to glance over" = easily seen from Lamboing
[2] *ja geradezu auffallend* "indeed plainly conspicuous" = on the
contrary, (the party) would even be conspicuous

Richtung, nun nach Westen. Die Hinterwand des Hauses war erleuchtet, aus einer Fensterreihe des ersten Stocks brach helles Licht. Er vernahm die Töne eines Flügels, und wie er näher hinhorchte, stellte er fest, daß jemand Bach spielte.

Er schritt weiter. Er mußte nun nach seiner Berechnung 5 auf Tschanz stoßen, und er sah angestrengt auf das mit Licht überflutete Feld, bemerkte jedoch zu spät, daß wenige Schritte vor ihm ein Tier stand.

Bärlach war ein guter Tierkenner; aber ein so riesenhaftes Wesen hatte er noch nie gesehen. Obgleich er keine Einzel- 10 heiten unterschied, sondern nur die Silhouette erkannte, die sich von der helleren Fläche des Bodens abhob, schien die Bestie von einer so grauenerregenden Art, daß Bärlach sich nicht rührte. Er sah, wie das Tier langsam, scheinbar zufällig, den Kopf wandte und ihn anstarrte. Die runden 15 Augen blickten wie zwei helle, aber leere Flächen.

Das Unvermutete der Begegnung, die Mächtigkeit des Tieres und das Seltsame der Erscheinung lähmten ihn. Zwar verließ ihn die Kühle seiner Vernunft nicht, aber er hatte die Notwendigkeit des Handelns vergessen. Er 20 sah nach dem Tier unerschrocken, aber gebannt. So hatte ihn das Böse immer wieder in seinen Bann gezogen, das große Rätsel, das zu lösen ihn immer wieder aufs neue verlockte[3].

Und wie nun der Hund plötzlich ansprang, ein riesen- 25 hafter Schatten, der sich auf ihn stürzte, ein entfesseltes Ungeheuer an Kraft und Mordlust[4], so daß er von der Wucht der sinnlos rasenden Bestie niedergerissen wurde, kaum daß er den linken Arm schützend vor seine Kehle halten konnte, gab der Alte keinen Laut von sich und 30 keinen Schrei des Schreckens, so sehr schien ihm alles natürlich und in die Gesetze dieser Welt eingeordnet.

[3] *das große Rätsel, das zu lösen ihn immer wieder aufs neue verlockte* "the great riddle, which to solve attracted him always anew" = the great riddle, the solution of which he was continually attracted to

[4] *Ungeheuer an Kraft und Mordlust* monster of power and lust to kill

Doch schon hörte er, noch bevor das Tier den Arm, der ihm im Rachen lag, zermalmte, das Peitschen eines Schusses; der Leib über ihm zuckte zusammen, und warmes Blut ergoß sich über seine Hand. Der Hund war tot.

5 Schwer lag nun die Bestie auf ihm, und Bärlach fuhr mit der Hand über sie, über ein glattes, schweißiges Fell. Er erhob sich mühsam und zitternd, wischte die Hand am spärlichen Gras ab. Tschanz kam und verbarg im Näherschreiten den Revolver wieder in der Manteltasche.

10 «Sind Sie unverletzt, Kommissär?» fragte er und sah mißtrauisch nach dessen zerfetztem linken Ärmel.

«Völlig. Das Biest konnte nicht durchbeißen.»

Tschanz beugte sich nieder und drehte den Kopf des Tieres dem Lichte zu, das sich in den toten Augen brach[5].

15 «Zähne wie ein Raubtier», sagte er und schüttelte sich, «das Biest hätte Sie zerrissen, Kommissär.»

«Sie haben mir das Leben gerettet, Tschanz.»

Der wollte noch wissen: «Tragen Sie denn nie eine Waffe bei sich?»

20 Bärlach berührte mit dem Fuß die unbewegliche Masse vor ihm. «Selten, Tschanz», antwortete er, und sie schwiegen.

Der tote Hund lag auf der kahlen, schmutzigen Erde, und sie schauten auf ihn nieder. Es hatte sich zu ihren 25 Füßen eine große schwarze Fläche ausgebreitet: Blut, das dem Tier wie ein dunkler Lavastrom aus dem Rachen quoll[6].

Wie sie nun wieder aufschauten, bot sich ihnen ein verändertes Bild. Die Musik war verstummt, die erleuchteten 30 Fenster hatte man aufgerissen, und Menschen in Abendkleidern lehnten sich hinaus. Bärlach und Tschanz schauten einander an, denn es war ihnen peinlich, gleichsam vor

---

[5] *das sich in den toten Augen brach* which was reflected in the dead eyes

[6] *das dem Tier wie ein dunkler Lavastrom aus dem Rachen quoll* which flowed from the animal's jaws like a dark stream of lava

34

einem Tribunal zu stehen, und dies mitten im gottverlassenen Jura, in einer Gegend, wo Hase und Fuchs einander gute Nacht wünschten[7], wie der Kommissär in seinem Ärger dachte.

Im mittleren der fünf Fenster stand ein einzelner Mann, [5] abgesondert von den übrigen, der mit einer seltsamen und klaren Stimme rief, was sie da trieben.

«Polizei», antwortete Bärlach ruhig und fügte hinzu, daß sie unbedingt Herrn Gastmann sprechen müßten.

Der Mann entgegnete, er sei erstaunt, daß man einen [10] Hund töten müsse, um mit Herrn Gastmann zu sprechen; und im übrigen habe er jetzt Lust und Gelegenheit, Bach zu hören, worauf er das Fenster wieder schloß, doch mit sicheren Bewegungen und ohne Hast, wie er auch ohne Empörung, sondern vielmehr mit großer Gleichgültigkeit [15] gesprochen hatte.

Von den Fenstern her war ein Stimmengewirr zu hören. Sie vernahmen Rufe, wie: «Unerhört», «Was sagen Sie, Herr Direktor?», «Skandalös», «Unglaublich, diese Polizei, Herr Großrat». Dann traten die Menschen zurück, ein [20] Fenster um das andere wurde geschlossen, und es war still.

Es blieb den beiden Polizisten nichts anderes übrig, als zurückzugehen. Vor dem Eingang an der Vorderseite der Gartenmauer wurden sie erwartet. Es war eine einzelne Gestalt, die dort aufgeregt hin und her lief. [25]

«Schnell Licht machen», flüsterte Bärlach Tschanz zu, und im aufblitzenden Strahl der Taschenlampe zeigte sich ein dickes, aufgeschwemmtes, zwar nicht unmarkantes, aber etwas einseitiges Gesicht über einem eleganten Abendanzug. An einer Hand funkelte ein schwerer Ring. Auf ein leises [30] Wort von Bärlach hin erlosch das Licht wieder.

«Wer sind Sie zum Teufel, Mano?[8]» grollte der Dicke.

«Kommissär Bärlach. — Sind Sie Herr Gastmann?»

---

[7] *wo Hase und Fuchs einander gute Nacht wünschten*   where hare and fox bade one another good night, i.e., a remote and unpopulated region

[8] *Wer sind Sie zum Teufel, Mano?*   Who the devil are you, man?

‹Nationalrat von Schwendi, Mano, Oberst von Schwendi. Herrgottsdonnernocheinmal, was fällt Ihnen ein, hier herumzuschießen?›

‹Wir führen eine Untersuchung durch und müssen ₅Herrn Gastmann sprechen, Herr Nationalrat›, antwortete Bärlach gelassen.

Der Nationalrat war aber nicht zu beruhigen. Er donnerte: ‹Wohl Separatist, he?⁹›

Bärlach beschloß, ihn bei dem anderen Titel zu nehmen, ₁₀und meinte vorsichtig, daß sich der Herr Oberst irre, er habe nichts mit der Jurafrage¹⁰ zu tun.

Bevor jedoch Bärlach weiterfahren konnte, wurde der Oberst noch wilder als der Nationalrat. Also Kommunist, stellte er fest, Sternenhagel, er lasse sich's als Oberst nicht ₁₅bieten, daß man herumschieße¹¹, wenn Musik gemacht werde. Er verbitte sich jede Demonstration gegen die westliche Zivilisation. Die schweizerische Armee werde sonst Ordnung schaffen!

Da der Nationalrat sichtlich desorientiert war, mußte ₂₀Bärlach zum Rechten sehen¹².

‹Tschanz, was der Herr Nationalrat sagt, kommt nicht ins Protokoll›, befahl er sachlich.

Der Nationalrat war mit einem Schlag nüchtern.

‹In was für ein Protokoll, Mano?›

₂₅ Als Kommissär von der Berner Kriminalpolizei, erläuterte Bärlach, müsse er eine Untersuchung über den Mord an

⁹ *Wohl Separatist, he?* Probably a Separatist, eh? The part of the Canton of Bern lying in the Jura Mountains has a strong French-speaking minority. For historical and linguistic reasons, a faction of the population, called Separatists, tried to separate the "Jura" from the rest of the canton and to form a new canton. The proposal was defeated by popular vote.

¹⁰ *Jurafrage* the question of making a new canton of the Jura

¹¹ *er lasse sich's als Oberst nicht bieten, daß man herumschieße* "he would not let it be offered to him, as a colonel, that one shoot around" = as a colonel, he would not stand for their shooting up the place

¹² *mußte Bärlach zum Rechten sehen* "Bärlach had to see [all was put] right" = Bärlach had to straighten him out, i.e., let him know who they were

Polizeileutnant Schmied durchführen. Es sei eigentlich seine Pflicht, alles, was die verschiedenen Personen auf bestimmte Fragen geantwortet hätten, zu Protokoll zu geben, aber weil der Herr — er zögerte einen Moment, welchen Titel er jetzt wählen sollte — Oberst offenbar die Lage falsch ein- [5] schätze, wolle er die Antwort des Nationalrats nicht zu Protokoll geben.

Der Oberst war bestürzt.

«Ihr seid von der Polizei», sagte er, «das ist etwas anderes.» [10]

Man solle ihn entschuldigen, fuhr er fort, heute Mittag habe er in der türkischen Botschaft gespeist, am Nachmittag sei er zum Vorsitzenden der Oberst-Vereinigung «Heißt ein Haus zum Schweizerdegen[13]» gewählt worden, anschließend habe er einen «Ehren=Abendschoppen[14]» am Stammtisch [15] der Helveter[15] zu sich nehmen müssen, zudem sei vormittags eine Sondersitzung der Partei-Fraktion gewesen, der er angehöre, und jetzt dieses Fest bei Gastmann mit einem immerhin weltbekannten Pianisten. Er sei todmüde.

Ob es nicht möglich sei[16], Herrn Gastmann zu sprechen, [20] fragte Bärlach noch einmal.

«Was wollt Ihr eigentlich von Gastmann?» antwortete von Schwendi. «Was hat der mit dem ermordeten Polizeileutnant zu tun?»

«Schmied war letzten Mittwoch sein Gast und ist auf [25] der Rückfahrt bei Twann ermordet worden.»

«Da haben wir den Dreck[17]», sagte der Nationalrat. «Gastmann ladet eben auch alles[18] ein, und da gibt es solche Unfälle.»

[13] *Heißt ein Haus zum Schweizerdegen*   It is called [the] House of the Swiss Hero (the name of the colonel's club)
[14] *Ehren-Abendschoppen*   "honor-evening glass [of wine]," i.e., a glass of wine he had to drink out of courtesy or obligation
[15] *Stammtisch der Helveter*   Helvetian Dining Circle
[16] *Ob es nicht möglich sei . . . fragte Bärlach*   Bärlach asked whether it was not possible
[17] *Da haben wir den Dreck*   "There we have the dirt" = So that's the confounded story
[18] *eben auch alles*   just about everybody

Dann schwieg er und schien nachzudenken.

«Ich bin Gastmanns Advokat», fuhr er endlich fort. «Warum seid Ihr denn eigentlich ausgerechnet diese Nacht gekommen? Ihr hättet doch wenigstens telephonieren kön-
5 nen.»

Bärlach erklärte, daß sie erst jetzt entdeckt hätten, was es mit Gastmann auf sich habe[19].

Der Oberst gab sich noch nicht zufrieden.

«Und was ist das mit dem Hund?»

10 «Er hat mich überfallen, und Tschanz mußte schießen.»

«Dann ist es in Ordnung», sagte von Schwendi nicht ohne Freundlichkeit. «Gastmann ist jetzt wirklich nicht zu sprechen[20]; auch die Polizei muß eben manchmal Rücksicht auf gesellschaftliche Gepflogenheiten nehmen. Ich werde
15 morgen auf Ihr Bureau kommen und noch heute schnell mit Gastmann reden. Habt Ihr vielleicht ein Bild von Schmied?»

Bärlach entnahm seiner Brieftasche eine Photographie und gab sie ihm.

20 «Danke», sagte der Nationalrat.

Dann nickte er und ging ins Haus.

Nun standen Bärlach und Tschanz wieder allein vor den rostigen Stangen der Gartentüre; das Haus war wie zuvor.

«Gegen einen Nationalrat kann man nichts machen»,
25 sagte Bärlach, «und wenn er noch Oberst und Advokat dazu ist, hat er drei Teufel auf einmal im Leib. Da stehen wir mit unserem schönen Mord und können nichts damit anfangen.»

Tschanz schwieg und schien nachzudenken. Endlich
30 sagte er: «Es ist neun Uhr, Kommissär. Ich halte es nun für das beste, zum Polizisten von Lamboing zu fahren und sich mit ihm über diesen Gastmann zu unterhalten.»

«Es ist recht», antwortete Bärlach. «Das können Sie

---

[19] *was es mit Gastmann auf sich habe* "what it had to do with Gastmann" = how Gastmann was connected with the matter
[20] *ist . . . nicht zu sprechen* "is . . . not to speak" = cannot be spoken with

tun. Versuchen Sie abzuklären, warum man in Lamboing nichts vom Besuch Schmieds bei Gastmann weiß. Ich selber gehe in das kleine Restaurant am Anfang der Schlucht. Ich muß etwas für meinen Magen tun. Ich erwarte Sie dort.»

Sie schritten den Feldweg zurück und gelangten zum ₵ Wagen. Tschanz fuhr davon und erreichte nach wenigen Minuten Lamboing.

Er fand den Polizisten im Wirtshaus, wo er mit Clenin, der von Twann gekommen war, an einem Tische saß, abseits von den Bauern, denn offenbar hatten sie eine 10 Besprechung. Der Polizist von Lamboing war klein, dick und rothaarig. Er hieß Jean Pierre Charnel.

Tschanz setzte sich zu ihnen[21], und das Mißtrauen, das die beiden dem Kollegen aus Bern entgegenbrachten, schwand bald. Nur sah Charnel nicht gern, daß er nun anstatt 15 französisch deutsch sprechen mußte, eine Sprache, in der es ihm nicht ganz geheuer war[22]. Sie tranken Weißen[23], und Tschanz aß Brot und Käse dazu, doch verschwieg er, daß er eben von Gastmanns Haus komme, vielmehr fragte er, ob sie noch immer keine Spur hätten. 20

«Non[24]», sagte Charnel, «keine Spur von Assassin[25]. On a rien trouvé[26], gar nichts gefunden.»

Er fuhr fort, daß nur einer in dieser Gegend in Betracht falle, ein Herr Gastmann in Rolliers Haus, das er gekauft habe, zu dem immer viele Gäste kämen, und der auch am 25 Mittwoch ein großes Fest gegeben habe. Aber Schmied sei nicht dort gewesen, Gastmann habe gar nichts gewußt, nicht einmal den Namen gekannt. «Schmied n'était pas chez Gastmann, impossible[27]. Ganz und gar unmöglich.»

---

21 *Tschanz setzte sich zu ihnen* Tschanz sat down with them
22 *in der es ihm nicht ganz geheuer war* in which he was not entirely at ease. In the following speeches note the errors Charnel makes in his German.
23 *Weißen* white wine
24 *Non* (French) no
25 *Assassin* (French) murderer
26 *On a rien trouvé* (French) "One has found nothing" = Nothing has been found, i.e., no clue
27 *Schmied n'était pas chez Gastmann, impossible* Schmied was not at Gastmann's, impossible

Tschanz hörte sich das Kauderwelsch an und entgegnete,
man sollte noch bei andern nachfragen, die auch an diesem
Tag bei Gastmann gewesen seien.

Das habe er, warf nun Clenin ein, in Schernelz über Ligerz
5 wohne ein Schriftsteller, der Gastmann gut kenne und der
oft bei ihm sei, auch am Mittwoch hätte er mitgemacht. Er
habe auch nichts von Schmied gewußt, auch nie den Namen
gehört und glaube nicht, daß überhaupt je ein Polizist bei
Gastmann gewesen sei.

10 «So, ein Schriftsteller?» sagte Tschanz und runzelte die
Stirne, «ich werde mir wohl dieses Exemplar einmal vor-
knöpfen müssen. Schriftsteller sind immer dubios, aber ich
komme diesen Übergebildeten schon noch bei[28].»

«Was ist denn dieser Gastmann, Charnel?» fragte er
15 weiter.

«Un monsieur très riche[29]», antwortete der Polizist von
Lamboing begeistert. «Haben Geld wie das Heu und très
noble[30]. Er geben Trinkgeld an meine fiancée — und er
wies stolz auf die Kellnerin[31] — comme un roi[32] aber nicht
20 mit Absicht um haben etwas mit ihr[33]. Jamais.»

«Was hat er denn für einen Beruf?»

«Philosophe[34].»

«Was verstehen Sie darunter, Charnel?»

«Ein Mann, der viel denken und nichts machen.»

25 «Er muß doch Geld verdienen?»

Charnel schüttelte den Kopf. «Er nicht Geld verdienen,
er Geld haben. Er zahlen Steuern für das ganze Dorf Lam-

---

[28] *aber ich komme diesen Übergebildeten schon noch bei* but I
[can] take care of these overeducated fellows
[29] *Un monsieur très riche* A very rich gentleman
[30] *très noble* very noble
[31] *wies stolz auf die Kellnerin* (Here he interrupts his speech to
point to the waitress.)
[32] *comme un roi* like a king
[33] *nicht mit Absicht um haben etwas mit ihr. Jamais* "not with
intention to have something with her. Never" = Not with the
intention of misusing her. Never
[34] *Philosophe* (French = German *der Philosoph, –en, –en*) philos-
opher

40

boing. Das genügt für uns, daß Gastmann ist der sympathischste Mensch im ganzen Kanton.»

«Es wird gleichwohl nötig sein», entschied Tschanz, «daß wir uns diesen Gastmann noch gründlich vornehmen. Ich werde morgen zu ihm fahren.»   5

«Dann aber Achtung vor seine Hund», mahnte Charnel. «Un chien très dangereux[35].»

Tschanz stand auf und klopfte dem Polizisten von Lamboing auf die Schulter. «Oh, mit dem werde ich schon fertig.»   10

[35] *Un chien très dangereux*   a very dangerous dog

7

Es war zehn uhr, als Tschanz Clenin und Charnel verließ, um zum Restaurant bei der Schlucht zu fahren, wo Bärlach wartete. Er hielt jedoch, wo der Feldweg zu Gastmanns Haus abzweigte, den Wagen noch einmal an. Er stieg aus und ging langsam zu der Gartentüre und dann der Mauer entlang. Das Haus war noch wie zuvor, dunkel und einsam, von den riesigen Pappeln umstellt, die sich im Winde bogen. Die Limousinen standen immer noch im Park. Tschanz ging jedoch nicht rund um das Haus herum, sondern nur bis zu einer Ecke, von wo er die erleuchtete Hinterfront überblicken konnte. Hin und wieder zeichneten sich Menschen an den gelben Scheiben ab, und Tschanz preßte sich eng an die Mauer, um nicht gesehen zu werden. Er blickte auf das Feld. Doch lag der Hund nicht mehr auf der kahlen Erde, jemand mußte ihn fortgeschafft haben, nur die Blutlache gleißte noch schwarz im Licht der Fenster. Tschanz kehrte zum Wagen zurück.

Im Restaurant zur Schlucht war Bärlach jedoch nicht mehr zu finden. Er habe die Gaststube schon vor einer halben Stunde verlassen, um nach Twann zu gehen, nachdem er einen Schnaps getrunken, meldete die Wirtin; kaum fünf Minuten habe er sich im Wirtshaus aufgehalten.

Tschanz überlegte sich, was der Alte denn getrieben habe, aber er konnte seine Überlegungen nicht länger fortsetzen; die nicht allzu breite Straße verlangte seine ganze Aufmerksamkeit. Er fuhr an der Brücke vorbei, bei der sie gewartet hatten, und dann den Wald hinunter. Da hatte er ein sonderbares und unheimliches Erlebnis, das ihn nachdenklich stimmte[1]. Er war schnell gefahren und sah plötzlich in der Tiefe den See aufleuchten, einen 5 nächtlichen Spiegel zwischen weißen Felsen. Er mußte den Tatort erreicht haben. Da löste sich eine dunkle Gestalt von der Felswand und gab deutlich ein Zeichen, der Wagen solle anhalten.

Tschanz stoppte unwillkürlich und öffnete die rechte 10 Wagentüre, obgleich er dies im nächsten Augenblick bereute, denn es durchfuhr ihn die Erkenntnis, daß, was ihm jetzt begegnete, auch Schmied begegnet war, bevor er wenige Atemzüge darauf erschossen wurde[2]. Er fuhr in die Mantel-tasche und umklammerte den Revolver, dessen Kälte ihn 15 beruhigte. Die Gestalt kam näher. Da erkannte er, daß es Bärlach war, doch wich seine Spannung nicht, sondern er wurde weiß vor heimlichem Entsetzen, ohne sich über den Grund der Furcht Rechenschaft geben zu können. Bärlach beugte sich nieder, und sie sahen sich ins Antlitz, stunden- 20 lang scheinbar, doch handelte es sich nur um einige Se-kunden[3]. Keiner sprach ein Wort, und ihre Augen waren wie Steine. Dann setzte sich Bärlach zu ihm, der nun die Hand von der verborgenen Waffe ließ.

«Fahr weiter, Tschanz», sagte Bärlach, und seine Stimme 25 klang gleichgültig.

Der andere zuckte zusammen, wie er hörte, daß ihn der Alte duzte, doch von nun an blieb der Kommissär dabei[4].

---

[1] *das ihn nachdenklich stimmte* "which disposed him thought-fully" = which caused him to reflect, made him stop and think

[2] *bevor er wenige Atemzüge darauf erschossen wurde* "before he, a few breaths afterwards, was shot" = before he was shot seconds later

[3] *doch handelte es sich nur um einige Sekunden* though it was only a matter of a few seconds

[4] *daß ihn der Alte duzte, doch von nun an blieb der Kommissär dabei* "that the old man said 'du' to him, but from now on the inspector remained with that" = that the old man addressed him familiarly, but from this point on the inspector continued to do so

Erst nach Biel unterbrach Bärlach das Schweigen und fragte, was Tschanz in Lamboing erfahren habe, «wie wir das Nest nun wohl doch endgültig auf französisch nennen müssen[5].» Auf die Nachricht, daß sowohl Charnel wie auch Clenin 5 einen Besuch des ermordeten Schmied bei Gastmann für unmöglich hielten, sagte er nichts; und hinsichtlich des von Clenin erwähnten Schriftstellers in Schernelz meinte er, er werde diesen noch selber sprechen.

Tschanz gab lebhafter Auskunft als sonst, aufatmend, daß 10 man wieder redete, und weil er seine sonderbare Erregung übertönen wollte, doch schon vor Schüpfen schwiegen sie wieder beide.

Kurz nach elf hielt man vor Bärlachs Haus im Altenberg, und der Kommissär stieg aus.

15 «Ich danke dir noch einmal, Tschanz», sagte er und schüttelte ihm die Hand. «Wenn's auch genierlich ist, davon zu reden; aber du hast mir das Leben gerettet.»

Er blieb noch stehen und sah dem verschwindenden Schlußlicht des schnell davonfahrenden Wagens nach. «Jetzt 20 kann er fahren, wie er will.»

Er betrat sein unverschlossenes Haus, und in der Halle mit den Büchern fuhr er mit der Hand in die Manteltasche[6] und entnahm ihr eine Waffe, die er behutsam auf den Schreibtisch neben die Schlange legte. Es war ein großer, 25 schwerer Revolver.

Dann zog er langsam den Wintermantel aus. Als er ihn jedoch abgelegt hatte, war sein linker Arm mit dicken Tüchern umwickelt, wie es bei jenen Brauch ist, die ihre Hunde zum Anpacken einüben[7].

---

[5] *wie wir das Nest nun wohl doch endgültig auf französisch nennen müssen* "as we the village (*das Nest* "nest"; [colloquial] "village") now most certainly in the end in French must name" = as we will have to call the village by its French name from now on, i.e., not by the German name Lamlingen

[6] *fuhr er mit der Hand in die Manteltasche* he put his hand into his overcoat pocket

[7] *wie es bei jenen Brauch ist, die ihre Hunde zum Anpacken einüben* as is the practice with those who train their dogs to attack

44

8

AM ANDERN MORGEN erwartete der alte Kommissär aus
einer gewissen Erfahrung heraus einige Unannehmlichkeiten,
wie er die Reibereien mit Lutz nannte. «Man kennt ja die
Samstage», meinte er zu sich, als er über die Altenbergbrücke[1] schritt, «da zeigen die Beamten die Zähne bloß 5
aus schlechtem Gewissen, weil sie die Woche über nichts
Gescheites gemacht haben.» Er war feierlich schwarz gekleidet, denn die Beerdigung Schmieds war auf zehn Uhr
angesetzt. Er konnte ihr nicht ausweichen, und das war
es eigentlich, was ihn ärgerte. 10
Von Schwendi sprach kurz nach acht vor, aber nicht bei
Bärlach, sondern bei Lutz, dem Tschanz eben das in der
letzten Nacht Vorgefallene mitgeteilt hatte[2].
Von Schwendi war in der gleichen Partei wie Lutz, in
der Partei der konservativen liberalsozialistischen Sammlung 15
der Unabhängigen, hatte diesen eifrig gefördert und war seit
dem gemeinsamen Essen anschließend an eine engere Vorstandssitzung mit ihm auf Du, obgleich Lutz nicht in den
Großrat gewählt worden war[3]; denn in Bern, erklärte von

[1] *Altenbergbrücke*   Altenberg Bridge
[2] *dem Tschanz eben das in der letzten Nacht Vorgefallene mitgeteilt*
hatte   whom Tschanz had just informed of what had happened
the night before
[3] *Von Schwendi war in der gleichen Partei wie Lutz . . . , hatte*
diesen eifrig gefördert und war seit dem gemeinsamen Essen

45

Schwendi, sei ein Volksvertreter mit dem Vornamen Lucius ein Ding der absoluten Unmöglichkeit.

«Es ist ja wirklich allerhand[4]», fing er an, kaum daß seine dicke Gestalt in der Türöffnung erschienen war, «wie
5 es da deine Leute von der Berner Polizei treiben, verehrter Lutz. Schießen meinem Klienten Gastmann den Hund zusammen, eine seltene Rasse aus Südamerika, und stören die Kultur, Anatol Kraushaar-Raffaeli, weltbekannter Pianist. Der Schweizer hat keine Erziehung, keine Weltoffenheit,
10 keine Spur von einem europäischen Denken. Drei Jahre Rekrutenschule das einzige Mittel dagegen[5].»

Lutz, dem das Erscheinen seines Parteifreundes peinlich war, und der sich vor seinen endlosen Tiraden fürchtete, bat von Schwendi, Platz zu nehmen.
15 «Wir sind in eine höchst schwierige Untersuchung verstrickt», bemerkte er eingeschüchtert. «Du weißt es ja selbst, und der junge Polizist, der sie zur Hauptsache führt, darf für schweizerische Maßstäbe als ganz gut talentiert gelten[6]. Der alte Kommissär, der auch noch dabei war, gehört zum
20 rostigen Eisen, das gebe ich zu. Ich bedaure den Tod eines so seltenen südamerikanischen Hundes, bin ja selber Hundebesitzer und tierliebend, werde auch eine besondere, strenge

anschließend an eine engere Vorstandssitzung mit ihm auf Du, obgleich Lutz nicht in den Großrat gewählt worden war Von Schwendi was in the same party as Lutz . . ., had zealously promoted the latter [for nomination to candidacy for public office], and was, since the meal [they all ate together] following an intimate session of the executive council, on familiar terms with him (mit ihm auf Du), although Lutz had not been chosen for the cantonal legislature

[4] Es ist ja wirklich allerhand "It is indeed really tremendous" (colloquial) = This is really something, really the limit

[5] Drei Jahre Rekrutenschule das einzige Mittel dagegen Three years of recruit school [training is] the only remedy for it. — The colonel's political stand is that Switzerland's younger generation is in need of "indoctrination" to improve the country "culturally." He wants the military training period extended from its present three months to three years. His stand would be a very unpopular one among the Swiss people.

[6] darf für schweizerische Maßstäbe als ganz gut talentiert gelten may, by Swiss standards, be said to be quite talented

46

Untersuchung durchführen. Die Leute sind eben kriminalistisch völlig ahnungslos. Wenn ich da an Chicago denke,
sehe ich unsere Lage direkt trostlos.»

Er machte eine kurze Pause, konsterniert, daß ihn von
Schwendi unverwandt schweigend anglotzte, und fuhr dann 5
fort, aber nun schon ganz unsicher, er sollte wissen, ob der
ermordete Schmied bei von Schwendis Klienten Gastmann
Mittwoch zu Besuch gewesen sei, wie die Polizei aus gewissen Gründen annehmen müsse.

«Lieber Lutz», antwortete der Oberst, «machen wir uns 10
keine Flausen vor. Das wißt ihr von der Polizei alles ganz
genau; ich kenne doch meine Brüder.»

«Wie meinen Sie das, Herr Nationalrat?» fragte Lutz
verwirrt, unwillkürlich wieder in das Sie zurückfallend[7];
denn beim Du war es ihm nie recht wohl gewesen[8]. 15

Von Schwendi lehnte sich zurück, faltete die Hände auf
der Brust und fletschte die Zähne, eine Pose, der er im
Grunde sowohl den Oberst als auch den Nationalrat ver-
dankte.

«Dökterli», sagte er, «ich möchte nun wirklich einmal 20
ganz genau wissen, warum ihr meinem braven Gastmann
den Schmied auf den Hals gehetzt habt. Was sich nämlich
dort im Jura abspielt, das geht die Polizei nun doch wohl
einen Dreck an[9], wir haben noch lange nicht die Gestapo.»

Lutz war wie aus den Wolken gefallen. «Wieso sollen 25
wir deinem uns vollständig unbekannten Klienten den
Schmied auf den Hals gehetzt haben?» fragte er hilflos.
«Und wieso soll uns ein Mord nichts angehen?»

«Wenn ihr keine Ahnung davon habt, daß Schmied unter
dem Namen Doktor Prantl, Privatdozent für amerikanische 30
Kulturgeschichte in München, den Gesellschaften beiwohnte,
die Gastmann in seinem Hause in Lamboing gab, muß die

7 *in das Sie zurückfallend* "falling back into the 'Sie' " = reverting
to formal address
8 *denn beim Du war es ihm nie recht wohl gewesen* for he had
never felt quite right about the "Du"
9 *das geht die Polizei nun doch wohl einen Dreck an* that is none
of the police's confounded business

47

ganze Polizei unbedingt aus kriminalistischer Ahnungslosigkeit abdanken[10]», behauptete von Schwendi und trommelte
mit den Fingern seiner rechten Hand aufgeregt auf Lutzens
Pult.

5 «Davon ist uns nichts bekannt, lieber Oskar», sagte Lutz,
erleichtert, daß er in diesem Augenblick den lang gesuchten
Vornamen des Nationalrates gefunden hatte. «Ich erfahre
eben eine große Neuigkeit.»

«Aha», meinte von Schwendi trocken und schwieg, wor-
10 auf Lutz sich seiner Unterlegenheit immer mehr bewußt
wurde und ahnte, daß er nur Schritt für Schritt in allem
werde nachgeben müssen, was der Oberst von ihm zu
erreichen suchte. Er blickte hilflos nach den Bildern
Traffelets, auf die marschierenden Soldaten, die flatternden
15 Schweizer Fahnen, den zu Pferd sitzenden General. Der
Nationalrat bemerkte die Verlegenheit des Untersuchungsrichters mit einem gewissen Triumph und fügte schließlich
seinem Aha bei, es gleichzeitig verdeutlichend:

«Die Polizei erfährt also eine große Neuigkeit; die Polizei
20 weiß also wieder gar nichts.»

Wie unangenehm es auch war und wie sehr das rück-
sichtslose Vorgehen von Schwendis seine Lage unerträglich
machte, so mußte doch der Untersuchungsrichter zugeben,
daß Schmied weder dienstlich bei Gastmann gewesen sei,
25 noch habe die Polizei von dessen Besuchen in Lamboing eine
Ahnung gehabt. Schmied habe dies rein persönlich unternommen, schloß Lutz seine peinliche Erklärung. Warum
er allerdings einen falschen Namen angenommen habe, sei
ihm gegenwärtig ein Rätsel.

30 Von Schwendi beugte sich vor und sah Lutz mit seinen
rotunterlaufenen, verschwommenen Augen an. «Das erklärt
alles», sagte er, «Schmied spionierte für eine fremde Macht.»

---

[10] *muß die ganze Polizei unbedingt aus kriminalisticher Ahnungslosigkeit abdanken* "the whole police must unconditionally from
criminological lack of suspicion resign" = then the whole police
force will have to resign without further ado for not having the
slightest idea about criminological procedure

«Wie meinst du das?» fragte Lutz hilfloser denn je.

«Ich meine», sagte der Nationalrat, «daß die Polizei vor allem jetzt einmal untersuchen muß, aus was für Gründen Schmied bei Gastmann war.»

«Die Polizei sollte vor allen Dingen zuerst etwas über 5 Gastmann wissen, lieber Oskar», widersprach Lutz.

«Gastmann ist für die Polizei ganz ungefährlich», antwortete von Schwendi, «und ich möchte auch nicht, daß du dich mit ihm abgibst oder sonst jemand von der Polizei. Es ist dies sein Wunsch, er ist mein Klient, und ich bin da, 10 um zu sorgen, daß seine Wünsche erfüllt werden.» —

Diese unverfrorene Antwort schmetterte Lutze so nieder, daß er zuerst gar nichts zu erwidern vermochte. Er zündete sich eine Zigarette an, ohne in seiner Verwirrung von Schwendi eine anzubieten. Erst dann setzte er sich in 15 seinem Stuhl zurecht[11] und entgegnete:

«Die Tatsache, daß Schmied bei Gastmann war, zwingt leider die Polizei, sich mit deinem Klienten zu befassen, lieber Oskar.»

Von Schwendi ließ sich nicht beirren. «Sie zwingt die 20 Polizei vor allem, sich mit mir zu befassen, denn ich bin Gastmanns Anwalt», sagte er. «Du kannst froh sein, Lutz, daß du an mich geraten bist; ich will ja nicht nur Gastmann helfen, sondern auch dir. Natürlich ist der ganze Fall meinem Klienten unangenehm, aber dir ist er viel peinlicher, 25 denn die Polizei hat bis jetzt noch nichts herausgebracht. Ich zweifle überhaupt daran, daß ihr jemals Licht in diese Angelegenheit bringen werdet.»

«Die Polizei», antwortete Lutz, «hat beinahe jeden Mord aufgedeckt, das ist statistisch bewiesen. Ich gebe zu, daß 30 wir im Falle Schmied in gewisse Schwierigkeiten geraten sind, aber wir haben doch auch schon — er stockte ein wenig — beachtliche Resultate zu verzeichnen. So sind wir von selbst auf Gastmann gekommen, und wir sind denn auch der Grund, warum dich Gastmann zu uns geschickt 35

[11] *setze er sich in seinem Stuhl zurecht* he adjusted himself to a comfortable position in his chair

hat. Die Schwierigkeiten liegen bei Gastmann und nicht
bei uns, an ihm ist es, sich über den Fall Schmied zu
äußern, nicht an uns. Schmied war bei ihm, wenn auch
unter falschem Namen; aber gerade diese Tatsache verpflich-
5 tet die Polizei, sich mit Gastmann abzugeben, denn das un-
gewohnte Verhalten des Ermordeten belastet doch wohl
zunächst Gastmann[12]. Wir müssen Gastmann einvernehmen
und können nur unter der Bedingung davon absehen, daß
du uns völlig einwandfrei erklären kannst, warum Schmied
10 bei deinem Klienten unter falschem Namen zu Besuch war,
und dies mehrere Male, wie wir festgestellt haben.»

«Gut», sagte von Schwendi, «reden wir ehrlich miteinander. Du wirst sehen, daß nicht ich eine Erklärung über
Gastmann abzugeben habe, sondern daß ihr uns erklären
15 müßt, was Schmied in Lamboing zu suchen hatte. Ihr seid
hier die Angeklagten, nicht wir, lieber Lutz.»

Mit diesen Worten zog er einen weißen Bogen hervor,
ein großes Papier, das er auseinanderbreitete und auf das
Pult des Untersuchungsrichters legte.

20 «Das sind die Namen der Personen, die bei meinem
guten Gastmann verkehrt haben», sagte er. «Die Liste ist
vollständig. Ich habe drei Abteilungen gemacht. Die erste
scheiden wir aus, die ist nicht interessant, das sind die
Künstler. Natürlich kein Wort gegen Kraushaar-Raffaeli,
25 der ist Ausländer; nein, ich meine die inländischen, die von
Utzenstorf und Merligen. Entweder schreiben sie Dramen
über die Schlacht am Morgarten und Niklaus Manuel[13], oder
sie malen nichts als Berge. Die zweite Abteilung sind die
Industriellen. Du wirst die Namen sehen, es sind Männer
30 von Klang, Männer, die ich als die besten Exemplare der

---

12 *belastet doch wohl zunächst Gastmann* "first burdens (= incrim-
inates) Gastmann" = certainly puts Gastmann directly under suspicion.
13 *die Schlacht am Morgarten und Niklaus Manuel* The battle of
Morgarten in 1315 was important in the Swiss struggle for inde-
pendence. Niklaus Manuel was a well known Bernese painter of
the 15th century. The writers spoken of dwell on nationalistic
subjects.

schweizerischen Gesellschaft ansehe. Ich sage dies ganz offen, obwohl ich durch die Großmutter mütterlicherseits von bäuerlichem Blut abstamme.»

«Und die dritte Abteilung der Besucher Gastmanns?» fragte Lutz, da der Nationalrat plötzlich schwieg und den Untersuchungsrichter mit seiner Ruhe nervös machte, was natürlich von Schwendis Absicht war.

«Die dritte Abteilung», fuhr von Schwendi endlich fort, «macht die Angelegenheit Schmied unangenehm, für dich und auch für die Industriellen, wie ich zugebe; denn ich muß nun auf Dinge zu sprechen kommen, die eigentlich vor der Polizei streng geheim gehalten werden müßten. Aber da ihr von der Berner Polizei es nicht unterlassen konntet, Gastmann aufzuspüren, und da es sich nun peinlicherweise herausstellt, daß Schmied in Lamboing war, sehen sich die Industriellen gezwungen, mich zu beauftragen, die Polizei, soweit dies für den Fall Schmied notwendig ist, zu informieren. Das Unangenehme für uns besteht nämlich darin, daß wir politische Vorgänge von eminenter Wichtigkeit aufdecken müssen, und das Unangenehme für euch, daß ihr die Macht, die ihr über die Menschen schweizerischer und nichtschweizerischer Nationalität in diesem Lande besitzt, über die dritte Abteilung nicht habt.»

«Ich verstehe kein Wort von dem, was du da sagst», meinte Lutz.

«Du hast eben auch nie etwas von Politik verstanden, lieber Lucius», entgegnete von Schwendi. «Es handelt sich bei der dritten Abteilung um Angehörige einer fremden Gesandtschaft, die Wert darauf legt, unter keinen Umständen mit einer gewissen Klasse von Industriellen zusammen genannt zu werden.»

9

JETZT BEGRIFF LUTZ den Nationalrat, und es blieb lange
still im Zimmer des Untersuchungsrichters. Das Telephon
klingelte, doch Lutz nahm es nur ab, um «Konferenz»
hineinzuschreien, worauf er wieder verstummte. Endlich
5 jedoch meinte er:
«Soviel ich weiß, wird aber doch mit dieser Macht jetzt
offiziell um ein neues Handelsabkommen verhandelt[1].»
«Gewiß, man verhandelt», entgegnete der Oberst. «Man
verhandelt offiziell, die Diplomaten wollen doch etwas zu
10 tun haben. Aber man verhandelt noch mehr inoffiziell,
und in Lamboing wird privat verhandelt. Es gibt schließlich
in der modernen Industrie Verhandlungen, in die sich der
Staat nicht einzumischen hat, Herr Untersuchungsrichter.»
«Natürlich», gab Lutz eingeschüchtert zu.
15 «Natürlich», wiederholte von Schwendi. «Und diesen
geheimen Verhandlungen hat der nun leider erschossene
Leutnant der Stadtpolizei Bern, Ulrich Schmied, unter falschem Namen geheim beigewohnt.»
Am neuerlichen betroffenen Schweigen des Untersu-
20 chungsrichters erkannte von Schwendi, daß er richtig gerechnet hatte. Lutz war so hilflos geworden, daß der Nationalrat
nun mit ihm machen konnte, was er wollte. Wie es bei
den meisten etwas einseitigen Naturen der Fall ist, irritierte

[1] *wird ... verhandelt* negotiations are going on

52

der unvorhergesehene Ablauf des Mordfalls Ulrich Schmied den Beamten so sehr, daß er sich in einer Weise beeinflussen ließ und Zugeständnisse machte, die eine objektive Untersuchung der Mordaffäre in Frage stellen mußte.

Zwar versuchte er noch einmal seine Lage zu bagatellisieren[2]. 5

«Lieber Oskar», sagte er, «ich sehe alles nicht für so schwerwiegend an. Natürlich haben die schweizerischen Industriellen ein Recht, privat mit denen zu verhandeln, die sich für solche Verhandlungen interessieren, und sei 10 es auch jene Macht[3]. Das bestreite ich nicht, und die Polizei mischt sich auch nicht hinein. Schmied war, ich wiederhole es, privat bei Gastmann, und ich möchte mich deswegen offiziell entschuldigen; denn es war gewiß nicht richtig, daß er einen falschen Namen und einen falschen 15 Beruf angab, wenn man auch manchmal als Polizist gewisse Hemmungen hat. Aber er war ja nicht allein bei diesen Zusammenkünften, es waren auch Künstler da, lieber Nationalrat.»

«Die notwendige Dekoration. Wir sind in einem Kultur- 20 staat, Lutz, und brauchen Reklame. Die Verhandlungen müssen geheimgehalten werden, und das kann man mit Künstlern am besten. Gemeinsames Fest, Braten, Wein, Zigarren, Frauen, allgemeines Gespräch, die Künstler langweilen sich, sitzen zusammen, trinken und bemerken nicht, 25 daß die Kapitalisten und die Vertreter jener Macht zusammensitzen. Sie wollen es auch nicht bemerken, weil es sie nicht interessiert. Künstler interessieren sich nur für Kunst. Aber ein Polizist, der dabeisitzt, kann alles erfahren. Nein, Lutz, der Fall Schmied ist bedenklich.» 30

«Ich kann leider nur wiederholen, daß die Besuche Schmieds bei Gastmann uns gegenwärtig unverständlich sind», antwortete Lutz.

«Wenn er nicht im Auftrag der Polizei gekommen ist,

[2] *seine Lage zu bagatellisieren* to play down [the seriousness of] his predicament

[3] *und sei es auch jene Macht* even if it is that power (nation)

53

kam er in einem anderen Auftrag», entgegnete von Schwendi.
«Es gibt fremde Mächte, lieber Lucius, die sich dafür interessieren, was in Lamboing vorgeht. Das ist Weltpolitik.»
«Schmied war kein Spion.»
5 «Wir haben allen Grund, anzunehmen, daß er einer war. Es ist für die Ehre der Schweiz besser, er war ein Spion als ein Polizeispitzel.»
«Nun ist er tot», seufzte der Untersuchungsrichter, der gern alles gegeben hätte, wenn er jetzt Schmied persönlich 10 hätte fragen können.
«Das ist nicht unsere Sache», stellte der Oberst fest. «Ich will niemand verdächtigen, doch kann nur die gewisse fremde Macht ein Interesse haben, die Verhandlungen in Lamboing geheimzuhalten. Bei uns geht es ums Geld, bei 15 ihnen um Grundsätze der Parteipolitik. Da wollen wir doch ehrlich sein. Doch gerade in dieser Richtung kann die Polizei natürlich nur unter schwierigen Umständen vorgehen.»
Lutz erhob sich und trat zum Fenster. «Es ist mir immer 20 noch nicht ganz deutlich, was dein Klient Gastmann für eine Rolle spielt», sagte er langsam.
Von Schwendi fächelte sich mit dem weißen Bogen Luft zu und antwortete: «Gastmann stellte den Industriellen und den Vertretern der Gesandtschaft sein Haus zu diesen Be- 25 sprechungen zur Verfügung.»
«Warum gerade Gastmann?»
Sein hochverehrter Klient, knurrte der Oberst, besitze nun einmal das nötige menschliche Format dazu. Als jahrelanger Gesandter Argentiniens in China genieße er das 30 Vertrauen der fremden Macht und als ehemaliger Verwaltungspräsident des Blechtrusts jenes der Industriellen. Außerdem wohne er in Lamboing.
«Wie meinst du das, Oskar?»
Von Schwendi lächelte spöttisch: «Hast du den Namen 35 Lamboing schon vor der Ermordung Schmieds gehört?»
«Nein.»
«Eben darúm⁴», stellte der Nationalrat fest. «Weil nie-
⁴ *Eben darum*   precisely for that reason

54

mand Lamboing kennt. Wir brauchten einen unbekannten Ort für unsere Zusammenkünfte. Du kannst also Gastmann in Ruhe lassen. Daß er es nicht schätzt, mit der Polizei in Berührung zu kommen, mußt du begreifen, daß er eure Verhöre, eure Schnüffeleien, eure ewige Fragerei nicht liebt, 5 ebenfalls, das geht bei unseren Luginbühl[5] und von Gunten, wenn sie wieder einmal etwas auf dem Kerbholz haben, aber nicht bei einem Mann, der es einst ablehnte, in die Französische Akademie[6] gewählt zu werden. Auch hat sich deine Berner Polizei ja nun wirklich ungeschickt benommen, man 10 erschießt nun einmal keinen Hund[7], wenn Bach gespielt wird. Nicht daß Gastmann beleidigt ist, es ist ihm vielmehr alles gleichgültig, deine Polizei kann ihm das Haus zusammenschießen, er verzieht keine Miene; aber es hat keinen Sinn mehr, Gastmann zu belästigen, da doch hinter dem 15 Mord Mächte stehen, die weder mit unseren braven Schweizer Industriellen noch mit Gastmann etwas zu tun haben.»

Der Untersuchungsrichter ging vor dem Fenster auf und ab. «Wir werden nun unsere Nachforschungen besonders dem Leben Schmieds zuwenden müssen», erklärte er. «Hin- 20 sichtlich der fremden Macht werden wir den Bundesanwalt benachrichtigen. Wieweit er den Fall übernehmen wird, kann ich noch nicht sagen, doch wird er uns mit der Hauptarbeit betrauen. Deiner Forderung, Gastmann zu verschonen, will ich nachkommen; wir sehen selbstverständ- 25 lich auch von einer Hausdurchsuchung ab. Wird es den-

---

[5] *das geht bei unseren Luginbühl und von Gunten, wenn sie wieder einmal etwas auf dem Kerbholz haben, aber nicht bei einem Mann, der* "that goes with our Luginbühl and von Gunten when they once again have something on the 'Kerbholz,'" but not with a man who" = it's all right for you to bother one of our Luginbühls or von Guntens when they are suspected of wrongdoing, but not a man who . . . (The two names are common in Switzerland, like "the Smiths and Joneses." A *Kerbholz* is a notched stick used for counting purposes, a tally; *etwas auf dem Kerbholz haben* means "to be suspected of wrongdoing.")
[6] *Französische Akademie* The French Academy, an honorary body composed of forty of France's leading scholars and intellectuals. To be elected to it is one of the highest honors France can bestow.
[7] *man erschießt nun einmal keinen Hund* "one shoots just no dog" = one just doesn't go about shooting dogs

noch nötig sein, ihn zu sprechen, bitte ich dich, mich mit ihm zusammenzubringen und bei unserer Besprechung anwesend zu sein. So kann ich das Formelle ungezwungen mit Gastmann erledigen. Es geht ja in diesem Fall nicht
5 um eine Untersuchung, sondern nur um eine Formalität innerhalb der ganzen Untersuchung, die unter Umständen verlangt, daß auch Gastmann vernommen werde, selbst wenn dies sinnlos ist; aber eine Untersuchung muß vollständig sein. Wir werden über Kunst sprechen, um die Unter-
10 suchung so harmlos wie nur immer möglich[8] zu gestalten, und ich werde keine Fragen stellen. Sollte ich gleichwohl eine stellen müssen — der Formalität zuliebe —, würde ich dir die Frage vorher mitteilen.»

Auch der Nationalrat hatte sich nun erhoben, so daß
15 sich beide Männer gegenüberstanden. Der Nationalrat tippte dem Untersuchungsrichter auf die Schulter.

«Das ist also abgemacht», sagte er. «Du wirst Gastmann in Ruhe lassen, Lützchen[9], ich nehme dich beim Wort. Die Mappe lasse ich hier; die Liste ist genau geführt[10] und voll-
20 ständig. Ich habe die ganze Nacht herumtelephoniert, und die Aufregung ist groß. Man weiß eben nicht, ob die fremde Gesandtschaft noch ein Interesse an den Verhandlungen hat, wenn sie den Fall Schmied erfährt. Millionen stehen auf dem Spiel, Dökterchen, Millionen! Zu deinen
25 Nachforschungen wünsche ich dir Glück. Du wirst es nötig haben.»

Mit diesen Worten stampfte von Schwendi hinaus.

---

[8] *so harmlos wie nur immer möglich*   just as inoffensively ("harmlessly") as possible
[9] *Lützchen*   [my] little Lutz
[10] *genau geführt*   "exactly carried out" = meticulously done

10

Lutz hatte gerade noch zeit[1], die Liste des Nationalrates durchzusehen und sie, stöhnend über die Berühmtheit
der Namen, sinken zu lassen — in was für eine unselige
Angelegenheit bin ich da verwickelt, dachte er — als Bärlach eintrat, natürlich ohne anzuklopfen. Der Alte hatte 5
vor, die rechtlichen Mittel zu verlangen, bei Gastmann in
Lamboing vorzusprechen, doch Lutz verwies ihn auf den
Nachmittag[2]. Jetzt sei es Zeit, zur Beerdigung zu gehen,
sagte er und stand auf.

Bärlach widersprach nicht und verließ das Zimmer mit 10
Lutz, dem das Versprechen, Gastmann in Ruhe zu lassen,
immer unvorsichtiger vorkam, und der Bärlachs schärfsten
Widerstand befürchtete. Sie standen auf der Straße, ohne
zu reden, beide in schwarzen Mänteln, die sie hochschlugen.
Es regnete, doch spannten sie die Schirme für die wenigen 15
Schritte zum Wagen nicht auf. Blatter führte sie. Der
Regen kam nun in wahren Kaskaden, prallte schief gegen
die Fenster. Jeder saß unbeweglich in seiner Ecke. Nun
muß ich es ihm sagen, dachte Lutz und schaute nach dem
ruhigen Profil Bärlachs, der wie so oft[3] die Hand auf den 20
Magen legte.

[1] *gerade noch Zeit*   just enough time
[2] *verwies ihn auf den Nachmittag*   "referred him to the afternoon" = put him off till the afternoon
[3] *wie so oft*   "as so often" = as [he] often [did]

57

«Haben Sie Schmerzen?» fragte Lutz.

«Immer», antwortete Bärlach.

Dann schwiegen sie wieder, und Lutz dachte: Ich sage
es ihm nachmittags. Blatter fuhr langsam. Alles versank
5 hinter einer weißen Wand, so regnete es. Trams, Automobile schwammen irgendwo in diesen ungeheuren, fallenden
Meeren herum, Lutz wußte nicht, wo sie waren, die triefen-
den Scheiben ließen keinen Durchblick mehr zu. Es wurde
immer finsterer im Wagen. Lutz steckte eine Zigarette in
10 Brand, blies den Rauch von sich, dachte, daß er sich im Fall
Gastmann mit dem Alten in keine Diskussion einlassen
werde, und sagte:

«Die Zeitungen werden die Ermordung bringen⁴, sie ließ
sich nicht mehr verheimlichen.»

15 «Das hat auch keinen Sinn mehr», antwortete Bärlach,
«wir sind ja auf eine Spur gekommen.»

Lutz drückte die Zigarette wieder aus: «Es hat auch nie
einen Sinn gehabt.»

Bärlach schwieg, und Lutz, der gern gestritten hätte,
20 spähte aufs neue durch die Scheiben. Der Regen hatte
etwas nachgelassen. Sie waren schon in der Allee⁵. Der
Schloßhaldenfriedhof⁶ schob sich zwischen den dampfenden
Stämmen hervor, ein graues, verregnetes Gemäuer. Blatter
fuhr in den Hof, hielt. Sie verließen den Wagen, spannten
25 die Schirme auf und schritten durch die Gräberreihen. Sie
brauchten nicht lange zu suchen. Die Grabsteine und die
Kreuze wichen zurück, sie schienen einen Bauplatz zu betreten. Die Erde war mit frischausgehobenen Gräbern
durchsetzt, Latten lagen darüber. Die Feuchtigkeit des nas-
10 sen Grases drang durch die Schuhe, an denen die lehmige
Erde klebte. In der Mitte des Platzes, zwischen all diesen
noch unbewohnten Gräbern, auf deren Grund sich der
Regen zu schmutzigen Pfützen sammelte, zwischen provisori-

---

⁴ *die Ermordung bringen*   bring [out the news of] the murder
⁵ *Allee*   an avenue bordered by trees. In Bern many such avenues
lead out of the city in all directions.
⁶ *Schloßhaldenfriedhof*   Schloßhalden Cemetery

schen Holzkreuzen und Erdhügeln, dicht mit schnellver-
faulenden Blumen und Kränzen überhäuft, standen Menschen um ein Grab. Der Sarg war noch nicht hinabgelassen,
der Pfarrer las aus der Bibel vor, neben ihm, den Schirm
für beide hochhaltend, der Totengräber in einem lächer- 5
lichen frackartigen Arbeitsgewand, frierend von einem Bein
auf das andere tretend. Bärlach und Lutz blieben neben
dem Grabe stehen. Der Alte hörte Weinen. Es war Frau
Schönler, unförmig und dick in diesem unaufhörlichen
Regen, und neben ihr stand Tschanz, ohne Schirm, im hoch- 10
geschlagenen Regenmantel mit herunterhängendem Gürtel,
einen schwarzen, steifen Hut auf dem Kopf. Neben ihm ein
Mädchen, blaß, ohne Hut, mit blondem Haar, das in nassen
Strähnen hinunterfloß, die Anna, wie Bärlach unwillkürlich
dachte. Tschanz verbeugte sich, Lutz nickte, der Kommissär 15
verzog keine Miene. Er schaute zu den andern hinüber, die
ums Grab standen, alles Polizisten, alle in Zivil, alle mit den
gleichen Regenmänteln, mit den gleichen steifen, schwarzen
Hüten, die Schirme wie Säbel in den Händen, phantastische
Totenwächter, von irgendwo herbeigeblasen, unwirklich in 20
ihrer Biederkeit. Und hinter ihnen, in gestaffelten Reihen,
die Stadtmusik, überstürzt zusammengetrommelt, in schwarz-
roten Uniformen, verzweifelt bemüht, die gelben Instrumente unter den Mänteln zu schützen. So standen sie alle
um den Sarg herum, der dalag, eine Kiste aus Holz, ohne 25
Kranz, ohne Blumen, aber dennoch das einzige Warme,
Geborgene in diesem unaufhörlichen Regen, der gleichförmig plätschernd niederfiel, immer mehr, immer unend-
licher. Der Pfarrer redete schon lange nicht mehr. Niemand
bemerkte es. Nur der Regen war da, nur den Regen hörte 30
man. Der Pfarrer hustete. Einmal. Dann mehrere Male.
Dann heulten die Bässe, die Posaunen, die Waldhörner, Kor-
netts, die Fagotte auf, stolz und feierlich, gelbe Blitze in den
Regenfluten; aber dann sanken auch sie unter, verwehten,
gaben es auf. Alle verkrochen sich unter die Schirme, unter 35
die Mäntel. Es regnete immer mehr. Die Schuhe versanken
im Kot, wie Bäche strömte es ins leere Grab. Lutz verbeugte

sich und trat vor. Er schaute auf den nassen Sarg und verbeugte sich noch einmal.

«Ihr Männer», sagte er irgendwo im Regen, fast unhörbar durch die Wasserschleier hindurch: «Ihr Männer, unser
5 Kamerad Schmied ist nicht mehr.»

Da unterbrach ihn ein wilder, grölender Gesang:

«Der Tüfel geit um,
der Tüfel geit um,
er schlat die Menscher alli krumm![7]»

10 Zwei Männer in schwarzen Fräcken kamen über den Kirchhof getorkelt[8]. Ohne Schirm und Mantel waren sie dem Regen schutzlos preisgegeben. Die Kleider klebten an ihren Leibern. Auf dem Kopf hatte jeder einen Zylinder, von dem das Wasser über ihr Gesicht floß. Sie trugen einen
15 mächtigen grünen Lorbeerkranz, dessen Band zur Erde hing und über den Boden schleifte. Es waren zwei brutale, riesenhafte Kerle, befrackte Schlächter, schwer betrunken, stets dem Umsinken nah, doch da sie nie gleichzeitig stolperten, konnten sie sich immer noch am Lorbeerkranz zwischen
20 ihnen festhalten, der wie ein Schiff in Seenot auf und nieder schwankte. Nun stimmten sie ein neues Lied an:

«Der Müllere ihre Ma isch todet,
d'Müllere läbt, sie läbt,
d'Müllere het der Chnächt ghürotet,
25 d'Müllere läbt, sie läbt.[9]»

Sie rannten auf die Trauergemeinde zu, stürzten in sie hinein, zwischen Frau Schönler und Tschanz, ohne daß sie gehindert wurden, denn alle waren wie erstarrt, und schon

---

[7] *Der Tüfel geit um, etc. Der Teufel geht um, / der Teufel geht um, / er schlägt die Menschen alle krumm*

[8] *kamen über den Kirchhof getorkelt* came staggering across the churchyard

[9] *Der Müllere ihre Ma isch todet, etc. Der Mann der Frau Müller ist gestorben, / Frau Müller lebt, sie lebt, / Frau Müller hat den Knecht geheiratet, / Frau Müller lebt, sie lebt*

taumelten sie wieder hinweg durch das nasse Gras, sich
aneinander stützend, sich umklammernd, über Grabhügel
fallend, Kreuze umwerfend in gigantischer Trunkenheit.
Ihr Singsang verhallte im Regen, und alles war wieder zuge-
deckt.   5

«Es geht alles vorüber,
es geht alles vorbei![10]»

war das letzte, was man von ihnen hörte. Nur noch der
Kranz lag da, hingeworfen über den Sarg, und auf dem
schmutzigen Band stand in verfließendem Schwarz: «Un- 10
serem lieben Doktor Prantl.» Doch wie sich die Leute ums
Grab von ihrer Bestürzung erholt hatten und sich über den
Zwischenfall empören wollten, und wie die Stadtmusik, um
die Feierlichkeit zu retten, wieder verzweifelt zu blasen
anfing, steigerte sich der Regen zu einem solchen Sturm, 15
die Eiben peitschend, daß alles vom Grabe wegfloh, bei
dem allein die Totengräber zurückblieben, schwarze Vogel-
scheuchen im Heulen der Winde, im Prasseln der Wolken-
brüche, bemüht, den Sarg endlich hinabzusenken.

[10] Es geht alles vorüber, etc.   a popular German song

61

11

WIE BÄRLACH mit Lutz wieder im Wagen saß und Blatter
durch die flüchtenden Polizisten und Stadtmusikanten hindurch in die Allee einfuhr, machte der Doktor endlich seinem
Ärger Luft[1]:

5 «Unerhört, dieser Gastmann», rief er aus.

«Ich verstehe nicht», sagte der Alte.

«Schmied verkehrte im Hause Gastmanns unter dem
Namen Prantl.»

«Dann wird das eine Warnung sein», antwortete Bärlach,
10 fragte aber nicht weiter. Sie fuhren gegen den Muristalden[2], wo Lutz wohnte. Eigentlich sei es nun der richtige
Moment, mit dem Alten über Gastmann zu sprechen, und
daß man ihn in Ruhe lassen müsse, dachte Lutz, aber wieder
schwieg er. Im Burgernziel[3] stieg er aus, Bärlach war allein.

15 «Soll ich Sie in die Stadt fahren, Herr Kommissär?»
fragte der Polizist vorne am Steuer.

«Nein, fahre mich heim, Blatter.»

Blatter fuhr nun schneller. Der Regen hatte nachgelassen, ja, plötzlich am Muristalden wurde Bärlach für Augen-
20 blicke in ein blendendes Licht getaucht: die Sonne brach

[1] *machte der Doktor endlich seinem Ärger Luft* the doctor finally
gave vent to his anger
[2] *Muristalden* an *Allee* running east through the city to an out-
lying village
[3] *Burgernziel* a crossing of main streets in the east part of the city

durch die Wolken, verschwand wieder, kam aufs neue im
jagenden Spiel der Nebel und der Wolkenberge, Ungetüme,
die vom Westen herbeirasten, sich gegen die Berge stauten,
wilde Schatten über die Stadt werfend, die am Flusse lag, ein
willenloser Leib, zwischen die Wälder und Hügel gebreitet. 5
Bärlachs müde Hand fuhr über den nassen Mantel, seine
Augenschlitze funkelten, gierig sog er das Schauspiel in sich
auf: die Erde war schön. Blatter hielt. Bärlach dankte ihm
und verließ den Dienstwagen. Es regnete nicht mehr, nur
noch der Wind war da, der nasse, kalte Wind. Der Alte 10
stand da, wartete, bis Blatter den schweren Wagen gewendet
hatte, grüßte noch einmal, wie dieser davonfuhr. Dann trat
er an die Aare. Sie kam hoch und⁴ schmutzig-braun. Ein
alter verrosteter Kinderwagen schwamm daher, Äste, eine
kleine Tanne, dann, tanzend, ein kleines Papierschiff. Bär- 15
lach schaute dem Fluß lange zu, er liebte ihn. Dann ging er
durch den Garten ins Haus.

Bärlach zog sich andere Schuhe an und betrat dann erst
die Halle, blieb jedoch auf der Schwelle stehen. Hinter
dem Schreibtisch saß ein Mann und blätterte in Schmieds 20
Mappe. Seine rechte Hand spielte mit Bärlachs türkischem
Messer.

«Also du», sagte der Alte.

«Ja, ich», antwortete der andere.

Bärlach schloß die Türe und setzte sich in seinen Lehn- 25
stuhl dem Schreibtisch gegenüber. Schweigend sah er nach
dem andern hin, der ruhig in Schmieds Mappe weiterblät-
terte, eine fast bäurische Gestalt, ruhig und verschlossen,
tiefliegende Augen im knochigen, aber runden Gesicht mit
kurzem Haar.   30

«Du nennst dich jetzt Gastmann», sagte der Alte endlich.

Der andere zog eine Pfeife hervor, stopfte sie, ohne Bärlach aus den Augen zu lassen, setzte sie in Brand und antwortete, mit dem Zeigefinger auf Schmieds Mappe klop- 35
fend:

«Das weißt du schon seit einiger Zeit ganz genau. Du

---

⁴ *Sie kam hoch und* "It came high and" = It had risen and [was]

hast mir den Jungen auf den Hals geschickt, diese Angaben stammen von dir.»

Dann schloß er die Mappe wieder. Bärlach schaute auf den Schreibtisch, wo noch sein Revolver lag, mit dem Schaft gegen ihn gekehrt, er brauchte nur die Hand auszustrecken; dann sagte er:

«Ich höre nie auf, dich zu verfolgen. Einmal wird es mir gelingen, deine Verbrechen zu beweisen.»

«Du mußt dich beeilen, Bärlach», antwortete der andere. «Du hast nicht mehr viel Zeit. Die Ärzte geben dir noch ein Jahr, wenn du dich jetzt operieren läßt.»

«Du hast recht», sagte der Alte. «Noch ein Jahr. Und ich kann mich jetzt nicht operieren lassen, ich muß mich stellen. Meine letzte Gelegenheit.»

«Die letzte», bestätigte der andere, und dann schwiegen sie wieder, endlos, saßen da und schwiegen.

«Über vierzig Jahre ist es her[5]», begann der andere von neuem zu reden, «daß wir uns in irgendeiner verfallenden Judenschenke[6] am Bosporus[7] zum erstenmal getroffen haben. Ein unförmiges gelbes Stück Schweizerkäse von einem Mond[8] hing bei dieser Begegnung damals zwischen den Wolken und schien durch die verfaulten Balken auf unsere Köpfe, das ist mir in noch guter Erinnerung. Du, Bärlach, warst damals ein junger Polizeifachmann aus der Schweiz in türkischen Diensten, herbestellt, um etwas zu reformieren, und ich — nun, ich war ein herumgetriebener Abenteurer wie jetzt noch, gierig, dieses mein einmaliges Leben und diesen ebenso einmaligen, rätselhaften Planeten kennenzulernen. Wir liebten uns auf den ersten Blick, wie wir einander zwischen Juden im Kaftan und schmutzigen Griechen gegenübersaßen.

[5] *Über vierzig Jahre ist es her* "Over forty years is it to this time" = It has been more than forty years

[6] *irgendeiner verfallenden Judenschenke* Under the religious laws of Islam only non-Muslims were allowed to sell liquor in Turkey at that time. But Gastmann's choice of the word *Judenschenke* ("Jew bar") shows his anti-Semitic sentiments.

[7] *Bosporus* the strait connecting the Black Sea and the sea of Marmara.

[8] *Ein unförmiges gelbes Stück Schweizerkäse von einem Mond* a moon like a misshapen yellow piece of Swiss cheese

Doch wie nun die verteufelten Schnäpse, die wir damals
tranken, diese vergorenen Säfte aus weiß was für Datteln[9]
und diese feurigen Meere aus fremden Kornfeldern um
Odessa herum[10], die wir in unsere Kehlen stürzten, in uns
mächtig wurden, daß unsere Augen wie glühende Kohlen ₅
durch die türkische Nacht funkelten, wurde unser Gespräch hitzig. O ich liebe es, an diese Stunde zu denken,
die dein Leben und das meine bestimmte!»

Er lachte.

Der Alte saß da und schaute schweigend zu ihm hinüber. ₁₀

«Ein Jahr hast du noch zu leben», fuhr der andere fort,
«und vierzig Jahre hast du mir wacker nachgespürt. Das
ist die Rechnung. Was diskutierten wir denn damals, Bärlach, im Moder jener Schenke in der Vorstadt Tophane[11],
eingehüllt in den Qualm türkischer Zigaretten? Deine These ₁₅
war, daß die menschliche Unvollkommenheit, die Tatsache,
daß wir die Handlungsweise anderer nie mit Sicherheit
vorauszusagen und daß wir ferner den Zufall, der in alles
hineinspielt, nicht in unsere Überlegung einzubauen vermögen, der Grund sei, der die meisten Verbrechen zwangsläufig ₂₀
zutage fördern müsse. Ein Verbrechen zu begehen nanntest
du eine Dummheit, weil es unmöglich sei, mit Menschen
wie mit Schachfiguren zu operieren. Ich dagegen stellte die
These auf, mehr, um zu widersprechen, als überzeugt, daß
gerade die Verworrenheit der menschlichen Beziehungen es ₂₅
möglich mache, Verbrechen zu begehen, die *nicht* erkannt
werden könnten, daß aus diesem Grunde die überaus größte
Anzahl der Verbrechen nicht nur ungeahndet, sondern auch
ungeahnt seien, als nur im Verborgenen geschehen. Und
wie wir nun weiterstritten, von den höllischen Bränden der ₃₀
Schnäpse, die uns der Judenwirt einschenkte, und mehr
noch von unserer Jugend verführt, da haben wir im Übermut
eine Wette geschlossen, eben da der Mond hinter dem

---

[9] *aus weiß was für Datteln*   from [who] knows what kind of dates
[10] *diese feurigen Meere aus fremden Kornfeldern um Odessa herum*
these fiery seas (i.e., the liquor) from foreign grain fields around
Odessa (Odessa is a Russian port on the Black Sea.)
[11] *Tophane*   a section of Istanbul

nahen Kleinasien[12] versank, eine Wette, die wir trotzig in den Himmel hinein hängten[13], wie wir etwa einen fürchterlichen Witz nicht zu unterdrücken vermögen, auch wenn er eine Gotteslästerung ist, nur weil uns die Pointe reizt als
5 eine teuflische Versuchung des Geistes durch den Geist.»

«Du hast recht», sagte der Alte ruhig, «wir haben diese Wette damals miteinander geschlossen.»

«Du dachtest nicht, daß ich sie einhalten würde», lachte der andere, «wie wir am andern Morgen mit schwerem
10 Kopf in der öden Schenke erwachten, du auf einer morschen Bank und ich unter einem noch von Schnaps feuchten Tisch.»

«Ich dachte nicht», antwortete Bärlach, «daß diese Wette einzuhalten einem Menschen möglich wäre.»
15 Sie schwiegen.

«Führe uns nicht in Versuchung», begann der andere von neuem. «Deine Biederkeit kam nie in Gefahr, versucht zu werden, doch deine Biederkeit versuchte mich. Ich hielt die kühne Wette, in deiner Gegenwart ein Verbrechen zu
20 begehen, ohne daß du imstande sein würdest, mir dieses Verbrechen beweisen zu können.»

«Nach drei Tagen», sagte der Alte leise und versunken in seiner Erinnerung, «wie wir mit einem deutschen Kaufmann über die Mahmud-Brücke[14] gingen, hast du ihn vor
25 meinen Augen ins Wasser gestoßen.»

«Der arme Kerl konnte nicht schwimmen, und auch du warst in dieser Kunst so ungenügend bewandert, daß man dich nach deinem verunglückten Rettungsversuch halb ertrunken aus den schmutzigen Wellen des Goldenen
30 Hornes[15] ans Land zog», antwortete der andere unerschütterlich. «Der Mord trug sich an einem strahlenden türki-

---

12 *Kleinasien*   Asia Minor (While Istanbul is in Europe, on the other side of the Bosporus lies Asia Minor.)
13 *in den Himmel hinein hängten*   "hung into Heaven" = swore to in the name of Heaven
14 *Mahmud-Brücke*   Mohammed Bridge (now the Galata Bridge, located in the busiest section of Istanbul)
15 *Goldenes Horn*   The Golden Horn is a spur of water on the west side of the bridge.

schen Sommertag bei einer angenehmen Brise vom Meer her auf einer belebten Brücke in aller Öffentlichkeit zwischen Liebespaaren der europäischen Kolonie, Muselmännern und ortsansässigen Bettlern zu, und trotzdem konntest du mir nichts beweisen. Du ließest mich verhaften, umsonst. Stun- 5 denlange Verhöre, nutzlos. Das Gericht glaubte meiner Version, die auf Selbstmord des Kaufmanns lautete[16].»

«Du konntest nachweisen, daß der Kaufmann vor dem Konkurs stand und sich durch einen Betrug vergeblich hatte retten wollen», gab der Alte bitter zu, bleicher als sonst. 10

«Ich wählte mir mein Opfer sorgfältig aus, mein Freund», lachte der andere.

«So bist du ein Verbrecher geworden», antwortete der Kommissär.

Der andere spielte gedankenverloren mit dem türkischen 15 Messer.

«Daß ich so etwas Ähnliches wie ein Verbrecher bin, kann ich nun nicht gerade ableugnen», sagte er endlich nachlässig. «Ich wurde ein immer besserer Verbrecher und du ein immer besserer Kriminalist: den Schritt jedoch, 20 den ich dir voraushatte, konntest du nie einholen. Immer wieder tauchte ich in deiner Laufbahn auf wie ein graues Gespenst, immer wieder trieb mich die Lust, unter deiner Nase sozusagen immer kühnere, wildere, blasphemischere Verbrechen zu begehen, und immer wieder bist du nicht 25 imstande gewesen, meine Taten zu beweisen. Die Dummköpfe konntest du besiegen, aber ich besiegte dich.»

Dann fuhr er fort, den Alten aufmerksam und wie belustigt beobachtend: «So lebten wir denn. Du ein Leben unter deinen Vorgesetzten, in deinen Polizeirevieren und muffigen 30 Amtsstuben, immer brav eine Sprosse um die andere auf der Leiter deiner bescheidenen Erfolge erklimmend, dich mit Dieben und Fälschern herumschlagend, mit armen Schluckern, die nie recht ins Leben kamen[17], und mit armseligen

---

16 *die auf Selbstmord des Kaufmanns lautete* "which ran to self-murder of the merchant" = which indicated that the merchant had committed suicide

17 *die nie recht ins Leben kamen* "who never came into life properly" = who always bungled everything

Mörderchen, wenn es hochkam, ich dagegen bald im Dunkeln, im Dickicht verlorener Großstädte, bald im Lichte
glänzender Positionen, ordenübersät, aus Übermut das Gute
übend, wenn ich Lust dazu hatte, und wieder aus einer
5 anderen Laune heraus das Schlechte liebend. Welch ein
abenteuerlicher Spaß! Deine Sehnsucht war, mein Leben
zu zerstören, und meine war es, mein Leben dir zum Trotz
zu behaupten[18]. Wahrlich, *eine* Nacht kettete uns für ewig
zusammen!»
10 Der Mann hinter Bärlachs Schreibtisch klatschte in die
Hände, es war ein einziger, grausamer Schlag: «Nun sind
wir am Ende unserer Laufbahn», rief er aus. «Du bist in
dein Bern zurückgekehrt, halb gescheitert, in diese verschla-
fene, biedere Stadt, von der man nie recht weiß, wieviel
15 Totes und wieviel Lebendiges eigentlich noch an ihr ist[19],
und ich bin nach Lamboing zurückgekommen, auch dies
nur aus einer Laune heraus: Man rundet gern ab[20], denn in
diesem gottverlassenen Dorf hat mich irgendein längst ver-
scharrtes Weib einmal geboren, ohne viel zu denken und
20 reichlich sinnlos, und so habe ich mich denn auch, dreizehnjährig, in einer Regennacht fortgestohlen. Da sind wir nun
also wieder. Gib es auf, Freund, es hat keinen Sinn. Der
Tod wartet nicht.»
Und jetzt warf er, mit einer fast unmerklichen Bewegung
25 der Hand, das Messer, genau und scharf Bärlachs Wange
streifend, tief in den Lehnstuhl. Der Alte rührte sich nicht.
Der andere lachte:
«Du glaubst nun also, ich hätte diesen Schmied getötet?»
«Ich habe diesen Fall zu untersuchen», antwortete der
30 Kommissär.
Der andere stand auf und nahm die Mappe zu sich.
«Die nehme ich mit.»

---

[18] *mein Leben dir zum Trotz zu behaupten* to maintain my life
in defiance of you
[19] *wieviel Totes und wieviel Lebendiges eigentlich noch an ihr ist*
actually how much of it is dead and how much alive
[20] *Man rundet gern ab* One likes to round [things] off [neatly]

«Einmal wird es mir gelingen, deine Verbrechen zu beweisen», sagte nun Bärlach zum zweiten Male: «Und jetzt
ist die letzte Gelegenheit.»

«In der Mappe sind die einzigen, wenn auch dürftigen
Beweise, die Schmied in Lamboing für dich gesammelt hat. 5
Ohne diese Mappe bist du verloren. Abschriften odor Photo-
kopien besitzest du nicht, ich kenne dich.»

«Nein», gab der Alte zu, «ich habe nichts dergleichen.»

«Willst du nicht den Revolver brauchen, mich zu hin-
dern?» fragte der andere spöttisch.   10

«Du hast die Munition herausgenommen», antwortete
Bärlach unbeweglich.

«Eben», sagte der andere und klopfte ihm auf die Schultern. Dann ging er am Alten vorbei, die Türe öffnete sich,
schloß sich wieder, draußen ging eine zweite Türe. Bärlach 15
saß immer noch in seinem Lehnstuhl, die Wange an das
kalte Eisen des Messers gelehnt. Doch plötzlich ergriff er
die Waffe und schaute nach. Sie war geladen. Er sprang
auf, lief in den Vorraum und dann zur Haustür, die er auf-
riß, die Waffe in der Faust: 20
Die Straße war leer.

Dann kam der Schmerz, der ungeheure, wütende, ste-
chende Schmerz, eine Sonne, die in ihm aufging, ihn aufs
Lager warf, zusammenkrümmte, mit Fiebergluten überbrühte[21], schüttelte. Der Alte kroch auf Händen und Fü- 25
ßen herum wie ein Tier, warf sich zu Boden, wälzte sich
über den Teppich und blieb dann liegen, irgendwo in seinem
Zimmer, zwischen den Stühlen, mit kaltem Schweiß bedeckt.
«Was ist der Mensch?» stöhnte er leise, «was ist der
Mensch?»   3ı

21 *mit Fiebergluten überbrühte* "scalded with embers of fever" =
burned with fever

72

Doch kam er wieder hoch. Nach dem Anfall fühlte er
sich besser, schmerzfrei seit langem[1]. Er trank angewärm-
ten Wein in kleinen, vorsichtigen Schlücken, sonst nahm
er nichts zu sich. Er verzichtete jedoch nicht darauf, den
5 gewohnten Weg durch die Stadt und über die Bundesterrasse
zu gehen, halb schlafend zwar, aber jeder Schritt in der
reingefegten Luft tat ihm wohl. Lutz, dem er bald darauf
im Bureau gegenübersaß, bemerkte nichts, war vielleicht
auch zu sehr mit seinem schlechten Gewissen beschäftigt,
10 um etwas bemerken zu können. Er hatte sich entschlossen,
Bärlach über die Unterredung mit von Schwendi noch diesen
Nachmittag zu orientieren, nicht erst gegen Abend[2], hatte
sich dazu auch in eine kalte, sachliche Positur mit vorgereck-
ter Brust geworfen, wie der General auf Traffelets Bild
15 über ihm, den Alten in forschem Telegrammstil unterrich-
tend. Zu seiner maßlosen Überraschung hatte jedoch der
Kommissär nichts dagegen einzuwenden, er war mit allem
einverstanden, er meinte, es sei weitaus das beste, den Entscheid des Bundeshauses abzuwarten und die Nachforschun-
20 gen hauptsächlich auf das Leben Schmieds zu konzentrieren.

[1] *schmerzfrei seit langem*   free of pain [for the first time in] a long
time
[2] *nicht erst gegen Abend*   "not first toward evening" = instead of
waiting till late afternoon

Lutz war dermaßen überrascht, daß er seine Haltung aufgab und ganz leutselig und gesprächig wurde.

«Natürlich habe ich mich über Gastmann orientiert», sagte er, «und weiß genug von ihm, um überzeugt zu sein, daß er unmöglich als Mörder irgendwie in Betracht kom- [1] men kann.»

«Natürlich», sagte der Alte.

Lutz, der über Mittag[3] von Biel einige Informationen erhalten hatte, spielte den sicheren Mann:

«Gebürtig aus Pockau in Sachsen[4], Sohn eines Großkauf- [10] manns in Lederwaren, erst Argentinier, deren Gesandter in China er war — er muß in der Jugend nach Südamerika ausgewandert sein — dann Franzose, meistens auf ausgedehnten Reisen. Er trägt das Kreuz der Ehrenlegion und ist durch Publikationen über biologische Fragen bekannt ge- [15] worden. Bezeichnend für seinen Charakter ist die Tatsache, daß er es ablehnte, in die Französische Akademie aufgenommen zu werden. Das imponiert mir.»

«Ein interessanter Zug», sagte Bärlach.

«Über seine zwei Diener werden noch Erkundigungen [20] eingezogen. Sie haben französische Pässe, scheinen jedoch aus dem Emmental[5] zu stammen. Er hat sich mit ihnen an der Beerdigung einen bösen Spaß geleistet.»

«Das scheint Gastmanns Art zu sein, Witze zu machen», sagte der Alte. [25]

«Er wird sich eben über seinen toten Hund ärgern. Vor allem ist der Fall Schmied für uns ärgerlich. Wir stehen in einem vollkommen falschen Licht da. Wir können von Glück reden[6], daß ich mit von Schwendi befreundet bin. Gastmann ist ein Weltmann und genießt das volle Vertrauen [30] schweizerischer Unternehmer.»

---

[3] *über Mittag*   during the noon hour
[4] *Pockau in Sachsen*   the city of Pockau in Saxony
[5] *Emmental*   the valley of the Emme River, a rural area east of the city of Bern
[6] *Wir können von Glück reden*   "We can speak of good fortune" = We can consider ourselves fortunate

«Dann wird er schon richtig sein[7]», meinte Bärlach.

«Seine Persönlichkeit steht über jedem Verdacht.»

«Entschieden», nickte der Alte.

«Leider können wir das nicht mehr von Schmied sagen», schloß Lutz und ließ sich mit dem Bundeshaus verbinden[8]. Doch wie er am Apparat wartete, sagte plötzlich der Kommissär, der sich schon zum Gehen gewandt hatte:

«Ich muß Sie um eine Woche Krankheitsurlaub bitten, Herr Doktor.»

«Es ist gut», antwortete Lutz, die Hand vor die Muschel haltend, denn man meldete sich schon, «am Montag brauchen Sie nicht zu kommen!»

In Bärlachs Zimmer wartete Tschanz, der sich beim Eintreten des Alten erhob. Er gab sich ruhig, doch der Kommissär spürte, daß der Polizist nervös war.

«Fahren wir zu Gastmann», sagte Tschanz, «es ist höchste Zeit.»

«Zum Schriftsteller», antwortete der Alte und zog den Mantel an.

«Umwege, alles Umwege», wetterte Tschanz, hinter Bärlach die Treppe hinuntergehend. Der Kommissär blieb im Ausgang stehen:

«Da steht ja Schmieds blauer Mercedes.»

Tschanz sagte, er habe ihn gekauft, auf Abzahlung, irgendwem müßte ja jetzt der Wagen gehören, und stieg ein. Bärlach setzte sich neben ihn, und Tschanz fuhr über den Bahnhofsplatz[9] gegen Bethlehem. Bärlach brummte:

«Du fährst ja wieder über Ins.»

«Ich liebe diese Strecke.»

Bärlach schaute in die reingewaschenen Felder hinein.

---

[7] *Dann wird er schon richtig sein* Then he must (will) certainly be all right (Bärlach is saying that, of course, he does not challenge the judgment or integrity of Swiss businessmen.)

[8] *ließ sich mit dem Bundeshaus verbinden* "let himself be connected with the Parliament [building]" = put in a call to the Parliament building

[9] *Bahnhofsplatz* Railroad Station Square

Es war alles in helles, ruhiges Licht getaucht. Eine warme, sanfte Sonne hing am Himmel, senkte sich schon leicht gegen Abend. Die beiden schwiegen. Nur einmal, zwischen Kerzers und Müntschemir, fragte Tschanz:

«Frau Schönler sagte mir, Sie hätten aus Schmieds Zim- 5 mer eine Mappe mitgenommen.»

«Nichts Amtliches, Tschanz, nur Privatsache.»

Tschanz entgegnete nichts, frug auch nicht mehr, nur daß Bärlach auf den Geschwindigkeitsmesser klopfen mußte, der bei Hundertfünfundzwanzig zeigte.   10

«Nicht so schnell, Tschanz, nicht so schnell. Nicht daß ich Angst habe, aber mein Magen ist nicht in Ordnung. Ich bin ein alter Mann.»

13

DER SCHRIFTSTELLER EMPFING sie in seinem Arbeitszimmer. Es war ein alter, niedriger Raum, der die beiden
zwang, sich beim Eintritt durch die Türe wie unter ein
Joch zu bücken. Draußen bellte noch der kleine, weiße
5 Hund mit dem schwarzen Kopf, und irgendwo im Hause
schrie ein Kind. Der Schriftsteller saß vorne beim gotischen
Fenster, bekleidet mit einem Overall und einer braunen
Lederjacke. Er drehte sich auf seinem Stuhl gegen die
Eintretenden um, ohne den Schreibtisch zu verlassen, der
10 dicht mit Papier besät war. Er erhob sich jedoch nicht, ja,
grüßte kaum, fragte nur, was die Polizei von ihm wolle.
«Er ist unhöflich», dachte Bärlach, «er liebt die Polizisten
nicht; Schriftsteller haben Polizisten nie geliebt.» Der Alte
beschloß, vorsichtig zu sein, auch Tschanz war von der
15 ganzen Angelegenheit nicht angetan[1]. «Auf alle Fälle
sich nicht beobachten lassen, sonst kommen wir noch
in ein Buch», dachten sie ungefähr beide. Aber wie sie
auf eine Handbewegung des Schriftstellers hin in weichen
Lehnstühlen saßen, merkten sie überrascht, daß sie im Lichte
20 des kleinen Fensters waren, während sie in diesem niedrigen,
grünen Zimmer zwischen den vielen Büchern das Gesicht

---

[1] *war von der ganzen Angelegenheit nicht angetan* was not [ex-
actly] attracted by (smitten by) the whole affair

74

des Schriftstellers kaum sahen, so heimtückisch war das
Gegenlicht.

«Wir kommen in der Sache Schmied», fing der Alte an,
«der über Twann ermordet worden ist.»

«Ich weiß. In der Sache Doktor Prantls, der Gastmann 5
ausspionierte», antwortete die dunkle Masse zwischen dem
Fenster und ihnen. «Gastmann hat es mir erzählt.» Für
kurze Momente leuchtete das Gesicht auf, er zündete sich
eine Zigarette an. Die zwei sahen noch, wie sich das Gesicht zu einer grinsenden Grimasse verzog: «Sie wollen 10
mein Alibi?»

«Nein», sagte Bärlach.

«Sie trauen mir den Mord nicht zu?» fragte der Schriftsteller sichtlich enttäuscht.

«Nein», antwortete Bärlach trocken, «Ihnen nicht.» 15

Der Schriftsteller stöhnte: «Da haben wir es wieder, die
Schriftsteller werden in der Schweiz aufs traurigste unterschätzt!»

Der Alte lachte: «Wenn Sie's absolut wissen wollen: wir
haben Ihr Alibi natürlich schon. Um halb eins sind Sie 20
in der Mordnacht zwischen Lamlingen und Schernelz dem
Bannwart begegnet und gingen mit ihm heim. Sie hatten
den gleichen Heimweg. Sie seien sehr lustig gewesen, hat
der Bannwart gesagt.»

«Ich weiß. Der Polizist von Twann fragte schon zweimal 25
den Bannwart über mich aus. Und alle andern Leute hier.
Und sogar meine Schwiegermutter. Ich war Ihnen also
doch mordverdächtig[2]», stellte der Schriftsteller stolz fest.

«Auch eine Art schriftstellerischer Erfolg!» Und Bärlach
dachte, es sei eben die Eitelkeit des Schriftstellers, daß er 30
ernst genommen werden wolle. Alle drei schwiegen, und
Tschanz versuchte angestrengt, dem Schriftsteller ins Gesicht zu sehen. Es war nichts zu machen in diesem Licht.

[2] *Ich war Ihnen also doch mordverdächtig* "I was to you therefore
after all suspected of murder" = Then you really thought it possible that I could be a murderer

«Was wollen Sie denn noch?» fauchte endlich der Schriftsteller.

«Sie verkehren viel mit Gastmann?»

«Ein Verhör?» fragte die dunkle Masse und schob sich
noch mehr vors Fenster. «Ich habe jetzt keine Zeit.»

«Seien Sie bitte nicht so unbarmherzig», sagte der Kommissär, «wir wollen uns doch nur etwas unterhalten³.» Der
Schriftsteller brummte. Bärlach setzte wieder an: «Sie verkehren viel mit Gastmann?»

10 «Hin und wieder.»

«Warum?»

Der Alte erwartete jetzt wieder eine böse Antwort; doch
der Schriftsteller lachte nur, blies den beiden ganze Schwaden von Zigarettenrauch ins Gesicht und sagte:

15 «Ein interessanter Mensch, dieser Gastmann, Kommissär,
so einer lockt die Schriftsteller wie Fliegen an. Er kann
herrlich kochen, wundervoll, hören Sie!⁴»

Und nun fing der Schriftsteller an, über Gastmanns
Kochkunst zu reden, ein Gericht nach dem andern zu be-
20 schreiben. Fünf Minuten hörten die beiden zu, und dann
noch einmal fünf Minuten; als der Schriftsteller jedoch
nun schon eine Viertelstunde von Gastmanns Kochkunst geredet hatte, und von nichts anderem als von Gastmanns
Kochkunst, stand Tschanz auf und sagte, sie seien leider
25 nicht der Kochkunst zuliebe gekommen, aber Bärlach widersprach, ganz frisch geworden, das interessiere ihn, und nun
fing Bärlach auch an. Der Alte lebte auf und erzählte nun
seinerseits von der Kochkunst der Türken, der Rumänen,
der Bulgaren, der Jugoslawen, der Tschechen, die beiden
30 warfen sich Gerichte wie Fangbälle zu. Tschanz schwitzte
und fluchte innerlich. Die beiden waren von der Kochkunst
nicht mehr abzubringen, aber endlich, nach dreiviertel Stun-
den, hielten sie ganz erschöpft, wie nach einer langen
Mahlzeit, inne. Der Schriftsteller zündete sich eine Zigarre

³ *wir wollen uns doch nur etwas unterhalten*   we want to just chat
a bit
⁴ *hören Sie!*   I must say!

an. Es war still. Nebenan begann das Kind wieder zu schreien. Unten bellte der Hund. Da sagte Tschanz ganz plötzlich ins Zimmer hinein:

«Hat Gastmann den Schmied getötet?»

Die Frage war primitiv, der Alte schüttelte den Kopf, 5 und die dunkle Masse vor ihnen sagte: «Sie gehen wirklich aufs Ganze.»

«Ich bitte zu antworten», sagte Tschanz entschlossen und beugte sich vor, doch blieb das Gesicht des Schriftstellers unerkennbar. 10

Bärlach war neugierig, wie nun wohl der Gefragte reagieren würde.

Der Schriftsteller blieb ruhig.

«Wann ist denn der Polizist getötet worden?» fragte er.

Dies sei nach Mitternacht gewesen, antwortete Tschanz. 15

Ob die Gesetze der Logik auch auf der Polizei Gültigkeit hätten, wisse er natürlich nicht, entgegnete der Schriftsteller, und er zweifle sehr daran, doch da er — wie die Polizei ja in ihrem Fleiß festgestellt hätte[5] — um halb eins auf der Straße nach Schernelz dem Bannwart begegnet sei und 20 sich demnach kaum zehn Minuten vorher von Gastmann verabschiedet haben müsse, könne Gastmann offenbar doch nicht gut der Mörder sein.

Tschanz wollte weiter wissen, ob noch andere Mitglieder der Gesellschaft um diese Zeit bei Gastmann gewesen 25 seien.

Der Schriftsteller verneinte die Frage.

«Verabschiedete sich Schmied mit den andern?»

«Doktor Prantl pflegte sich stets als zweitletzter zu empfehlen», antwortete der Schriftsteller nicht ohne Spott. 30

«Und als letzter?»

«Ich.»

Tschanz ließ nicht locker: «Waren beide Diener zugegen?»

«Ich weiß es nicht.» 35

[5] *wie die Polizei ja in ihrem Fleiß festgestellt hätte*   as the police had diligently ascertained

77

Tschanz wollte wissen, warum nicht eine klare Antwort gegeben werden könne.

Er denke, die Antwort sei klar genug, schnauzte ihn der Schriftsteller an. Diener dieser Sorte pflegte er nie zu beachten.

Ob Gastmann ein guter Mensch oder ein schlechter sei, fragte Tschanz mit einer Art Verzweiflung und einer Hemmungslosigkeit, die den Kommissär wie auf glühenden Kohlen sitzen ließ. «Wenn wir nicht in den nächsten Roman kommen, ist es das reinste Wunder», dachte er.

Der Schriftsteller blies Tschanz eine solche Rauchwolke ins Gesicht, daß der husten mußte, auch blieb es lange still im Zimmer, nicht einmal das Kind hörte man mehr schreien.

«Gastmann ist ein schlechter Mensch», sagte endlich der Schriftsteller.

«Und trotzdem besuchen Sie ihn öfters, und nur, weil er gut kocht?» fragte Tschanz nach einem neuen Hustenanfall empört.

«Nur.»

«Das verstehe ich nicht.»

Der Schriftsteller lachte. Er sei eben auch eine Art Polizist, sagte er, aber ohne Macht, ohne Staat, ohne Gesetz und ohne Gefängnis hinter sich. Es sei auch *sein* Beruf, den Menschen auf die Finger zu sehen.

Tschanz schwieg verwirrt und Bärlach sagte: «Ich verstehe», und dann, nach einer Weile, als die Sonne im Fenster erlosch:

«Nun hat uns mein Untergebener Tschanz», sagte der Kommissär, «mit seinem übertriebenen Eifer in einen Engpaß hineingetrieben, aus dem ich mich wohl kaum mehr werde herausfinden können, ohne Haare zu lassen. Aber die Jugend hat auch etwas Gutes, genießen wir den Vorteil, daß uns ein Ochse in seinem Ungestüm den Weg bahnte (Tschanz wurde bei diesen Worten des Kommissärs rot vor Ärger). Bleiben wir bei den Fragen und bei den Antworten, die nun in Gottes Namen gefallen sind[6]. Fassen wir die Gelegenheit beim Schopf. Wie denken Sie sich nun die Angelegenheit, mein Herr? Ist Gastmann fähig, als Mörder in Frage zu kommen?»

Im Zimmer war es nun rasch dunkler geworden, doch fiel es dem Schriftsteller nicht ein, Licht zu machen. Er setzte sich in die Fensternische, so daß die beiden Polizisten wie Gefangene in einer Höhle saßen.

«Ich halte Gastmann zu jedem Verbrechen fähig», kam es brutal vom Fenster her, mit einer Stimme, die nicht ohne Heimtücke war. «Doch bin ich überzeugt, daß er den Mord an Schmied nicht begangen hat.»

«Sie kennen Gastmann», sagte Bärlach.

«Ich mache mir ein Bild von ihm», sagte der Schriftsteller.

«Sie machen sich *Ihr* Bild von ihm», korrigierte der Alte kühl die dunkle Masse vor ihnen im Fensterrahmen.

«Was mich an ihm fasziniert, ist nicht so sehr seine Kochkunst, obgleich ich mich nicht so leicht für etwas anderes mehr begeistere, sondern die Möglichkeit eines Menschen, der nun wirklich ein Nihilist ist», sagte der Schriftsteller. «Es ist immer atemraubend, einem Schlagwort in Wirklichkeit zu begegnen.»

«Es ist vor allem immer atemraubend, einem Schriftsteller zuzuhören», sagte der Kommissär trocken.

«Vielleicht hat Gastmann mehr Gutes getan, als wir drei zusammen, die wir[7] hier in diesem schiefen Zimmer sitzen», fuhr der Schriftsteller fort. «Wenn ich ihn schlecht nenne, so darum, weil[8] er das Gute ebenso aus einer Laune, aus einem Einfall tut wie das Schlechte, welches ich ihm zutraue. Er wird nie das Böse tun, um etwas zu erreichen, wie andere ihre Verbrechen begehen, um Geld zu besitzen, eine Frau zu erobern oder Macht zu gewinnen, er wird es

[6] *die nun in Gottes Namen gefallen sind* "which now have fallen in God's name" = which now, for better or worse, have been spoken
[7] *die wir* we who
[8] *so darum, weil* it is because

tun, wenn es sinnlos ist, vielleicht, denn bei ihm sind immer zwei Dinge möglich, das Schlechte und das Gute, und der Zufall entscheidet.›

«Sie folgern dies, als wäre es Mathematik», entgegnete der Alte.

«Es ist auch Mathematik», antwortete der Schriftsteller. «Man könnte sein Gegenteil im Bösen konstruieren, wie man eine geometrische Figur als Spiegelbild einer andern konstruiert, und ich bin sicher, daß es auch einen solchen Menschen gibt — irgendwo — vielleicht werden Sie auch diesem begegnen. Begegnet man einem, begegnet man dem andern.›

«Das klingt wie ein Programm», sagte der Alte.

«Nun, es ist auch ein Programm, warum nicht», sagte der Schriftsteller. «So denke ich mir als Gastmanns Spiegelbild einen Menschen, der ein Verbrecher wäre, weil das Böse seine Moral, seine Philosophie darstellt, das er ebenso fanatisch täte, wie ein anderer aus Einsicht das Gute[9]»

Der Kommissär meinte, man solle nun doch lieber auf Gastmann zurückkommen, der liege ihm näher[10].

«Wie Sie wollen», sagte der Schriftsteller, «kommen wir auf Gastmann zurück, Kommissär, zu diesem einen Pol des Bösen[11]. Bei ihm ist das Böse nicht der Ausdruck einer Philosophie oder eines Triebes, sondern seiner Freiheit: der Freiheit des Nichts.»

«Für diese Freiheit gebe ich keinen Pfennig», antwortete der Alte.

«Sie sollen auch keinen Pfennig dafür geben», entgegnete der andere. «Aber man könnte sein Leben daran geben, diesen Mann und diese seine Freiheit[12] zu studieren.»

«Sein Leben», sagte der Alte.

[9] *das Böse* . . . , *das er ebenso fanatisch täte, wie ein anderer aus Einsicht das Gute* evil . . . which he would do just as fanatically as another, from understanding, [would do] good
[10] *der liege ihm näher* "he lay nearer to him" = with whom he was more concerned
[11] *zu diesem einen Pol des Bösen* to this one pole of evil
[12] *diese seine Freiheit* this freedom of his

Der Schriftsteller schwieg. Er schien nichts mehr sagen zu wollen.

‹Ich habe es mit einem wirklichen Gastmann zu tun›, sagte der Alte endlich. ‹Mit einem Menschen, der bei Lamlingen auf der Ebene des Tessenberges wohnt und Gesellschaften gibt, die einen Polizeileutnant das Leben gekostet haben. Ich sollte wissen, ob das Bild, das Sie mir gezeigt haben, das Bild Gastmanns ist oder jenes Ihrer Träume[13].›

‹Unserer Träume›, sagte der Schriftsteller.

Der Kommissär schwieg.

‹Ich weiß es nicht›, schloß der Schriftsteller und kam auf die beiden zu, sich zu verabschieden, nur Bärlach die Hand reichend, nur ihm: ‹Ich habe mich um dergleichen nie gekümmert. Es ist schließlich Aufgabe der Polizei, diese Frage zu untersuchen.›

---

[13] *das Bild Gastmanns ist oder jenes Ihrer Träume* is the [true] picture of Gastmann or that of your dreams

14

DIE ZWEI POLIZISTEN gingen wieder zu ihrem Wagen, vom
weißen Hündchen verfolgt, das sie wütend anbellte, und
Tschanz setzte sich ans Steuer.

Er sagte: «Dieser Schriftsteller gefällt mir nicht.» Bär-
5 lach ordnete den Mantel, bevor er einstieg. Das Hündchen
war auf eine Rebmauer geklettert und bellte weiter.

«Nun zu Gastmann», sagte Tschanz und ließ den Motor
anspringen. Der Alte schüttelte den Kopf.

«Nach Bern.»

10 Sie fuhren gegen Ligerz hinunter, hinein in ein Land,
das sich ihnen in einer ungeheuren Tiefe öffnete. Weit
ausgebreitet lagen die Elemente da: Stein, Erde, Wasser.
Sie selbst fuhren im Schatten, aber die Sonne, hinter den
Tessenberg gesunken, beschien noch den See, die Insel, die
15 Hügel, die Vorgebirge, die Gletscher am Horizont und die
übereinandergetürmten Wolkenungetüme, dahinschwim-
mend in den blauen Meeren des Himmels. Unbeirrbar
schaute der Alte in dieses sich unaufhörlich ändernde Wetter
des Vorwinters. Immer dasselbe, dachte er, wie es sich auch
20 ändert, immer dasselbe. Doch wie die Straße sich jäh wandte
und der See, ein gewölbter Schild, senkrecht unter ihnen
lag, hielt Tschanz an.

«Ich muß mit Ihnen reden, Kommissär», sagte er aufgeregt.

«Was willst du?» fragte Bärlach, die Felsen hinab-
schauend.

«Wir müssen Gastmann aufsuchen, es gibt keinen anderen Weg, weiterzukommen, das ist doch logisch. Vor
allem müssen wir die Diener verhören.»   5
Bärlach lehnte sich zurück und saß da, ein ergrauter,
soignierter Herr, den Jungen neben sich aus seinen kalten
Augenschlitzen ruhig betrachtend:

«Mein Gott, wir können nicht immer tun, was logisch
ist, Tschanz. Lutz will nicht, daß wir Gastmann besuchen. 10
Das ist verständlich, denn er mußte den Fall dem Bundesanwalt übergeben. Warten wir dessen Verfügung ab[1]. Wir
haben es eben mit heiklen Ausländern zu tun.» Bärlachs
nachlässige Art machte Tschanz wild.

«Das ist doch Unsinn», schrie er, «Lutz sabotiert mit 15
seiner politischen Rücksichtnahme die Untersuchung. Von
Schwendi ist sein Freund und Gastmanns Anwalt, da kann
man sich doch sein Teil denken[2].»

Bärlach verzog nicht einmal sein Gesicht: «Es ist gut,
daß wir allein sind, Tschanz. Lutz hat vielleicht etwas 20
voreilig, aber mit guten Gründen gehandelt. Das Geheimnis
liegt bei Schmied und nicht bei Gastmann.»

Tschanz ließ sich nicht beirren: «Wir haben nichts anderes als die Wahrheit zu suchen», rief er verzweifelt in die
heranziehenden Wolkenberge hinein, «die Wahrheit und 25
nur die Wahrheit, wer Schmieds Mörder ist!»

«Du hast recht», wiederholte Bärlach, aber unpathetisch
und kalt, «die Wahrheit, wer Schmieds Mörder ist.»

Der junge Polizist legte dem Alten die Hand auf die linke
Schulter, schaute ihm ins undurchdringliche Antlitz: 30
«Deshalb haben wir mit allen Mitteln vorzugehen, und
zwar gegen Gastmann. Eine Untersuchung muß lückenlos
sein. Man kann nicht immer alles tun, was logisch ist,

---

[1] *Warten wir dessen Verfügung ab* Let us wait for instruction[s]
from him (*dessen* = his)
[2] *da kann man sich doch sein Teil denken* "there one can surely
imagine his part" = you can easily see what that means

sagen Sie. Aber hier *müssen* wir es tun. Wir können Gastmann nicht überspringen.»

«Gastmann ist nicht der Mörder», sagte Bärlach trocken.

«Die Möglichkeit besteht, daß Gastmann den Mord an-
5 geordnet hat. Wir müssen seine Diener vernehmen!» entgegnete Tschanz.

«Ich sehe nicht den geringsten Grund, der Gastmann hätte veranlassen können, Schmied zu ermorden», sagte der Alte. «Wir müssen den Täter dort suchen, wo die Tat einen
10 Sinn hätte haben können, und dies geht nur den Bundesanwalt etwas an[3]», fuhr er fort.

«Auch der Schriftsteller hält Gastmann für den Mörder», rief Tschanz aus.

«Auch du hältst ihn dafür?» fragte Bärlach lauernd.

15 «Auch ich, Kommissär.»

«Dann du allein», stellte Bärlach fest. «Der Schriftsteller hält ihn nur zu jedem Verbrechen fähig, das ist ein Unterschied. Der Schriftsteller hat nichts über Gastmanns Taten ausgesagt, sondern nur über seine Potenz.»

20 Nun verlor der andere die Geduld. Er packte den Alten bei den Schultern.

«Jahrelang bin ich im Schatten gestanden, Kommissär», keuchte er. «Immer hat man mich übergangen, mißachtet, als letzten Dreck benutzt, als besseren Briefträger[4]!»

25 «Das gebe ich zu, Tschanz», sagte Bärlach, unbeweglich in das verzweifelte Gesicht des Jungen starrend, «jahrelang bist du im Schatten dessen gestanden, der nun ermordet worden ist.»

«Nur weil er bessere Schulen hatte! Nur weil er La-
30 teinisch konnte.»

«Du tust ihm Unrecht», antwortete Bärlach, «Schmied war der beste Kriminalist, den ich je gekannt habe.»

«Und jetzt», schrie Tschanz, «da ich einmal eine Chance

---

[3] *dies geht nur den Bundesanwalt etwas an*   this concerns only the attorney general (*etwas* = in any way)
[4] *als letzen Dreck benutzt, als besseren Briefträger* "used as last dirt, as a better letter carrier" = treated like dirt, like a first-class messenger boy

habe, soll alles wieder für nichts sein, soll meine einmalige Gelegenheit hinaufzukommen in einem blödsinnigen diplomatischen Spiel zugrundegehen! Nur Sie können das noch ändern, Kommissär, sprechen Sie mit Lutz, nur Sie können ihn bewegen, mich zu Gastmann gehen zu lassen.» 5

«Nein, Tschanz», sagte Bärlach, «ich kann das nicht.» Der andere rüttelte ihn wie einen Schulbuben, hielt ihn zwischen den Fäusten, schrie:

«Reden Sie mit Lutz, reden Sie!»

Doch der Alte ließ sich nicht erweichen: «Es geht nicht, 10 Tschanz», sagte er. «Ich bin nicht mehr für diese Dinge zu haben[5]. Ich bin alt und krank. Da braucht man seine Ruhe. Du mußt dir selber helfen.»

«Gut», sagte Tschanz, ließ plötzlich von Bärlach ab und ergriff wieder das Steuer, wenn auch totenbleich und zit- 15 ternd. «Dann nicht. Sie können mir nicht helfen.»

Sie fuhren wieder gegen Ligerz hinunter.

«Du bist doch in Grindelwald in den Ferien gewesen? Pension Eiger[6]?» fragte der Alte.

«Jawohl, Kommissär.» 20

«Still und nicht zu teuer?»

«Wie Sie sagen.»

«Gut, Tschanz, ich fahre morgen dorthin, um mich auszuruhen. Ich muß in die Höhe. Ich habe für eine Woche Krankenurlaub genommen.» 25

Tschanz antwortete nicht sofort. Erst als sie in die Straße Biel-Neuenburg einbogen, meinte er, und seine Stimme klang wieder wie sonst:

«Die Höhe tut nicht immer gut, Kommissär.»

---

[5] *Ich bin nicht mehr für diese Dinge zu haben*   I am no longer up to concerning myself with these things
[6] *Pension Eiger*   The Eiger Tourist Home

15

Noch am selben abend ging Bärlach zu seinem Arzt am Bärenplatz[1], Doktor Samuel Hungertobel. Die Lichter brannten schon, von Minute zu Minute brach eine immer finsterere Nacht herein. Bärlach schaute von Hungertobels 5 Fenster auf den Platz hinunter, auf die wogende Flut der Menschen. Der Arzt packte seine Instrumente zusammen. Bärlach und Hungertobel kannten sich schon lange, sie waren zusammen auf dem Gymnasium gewesen.

10 «Das Herz ist gut», sagte Hungertobel, «Gott sei Dank![2]»

«Hast du Aufzeichnungen über meinen Fall?» fragte ihn Bärlach.

«Eine ganze Aktenmappe», antwortete der Arzt und wies auf einen Papierstoß auf dem Schreibtisch. «Alles deine 15 Krankheit[3].»

«Du hast zu niemandem über meine Krankheit geredet, Hungertobel?» fragte der Alte.

«Aber Hans!» sagte der andere alte Mann, «das ist doch Arztgeheimnis.»

20 Drunten auf dem Platz fuhr ein blauer Mercedes vor,

---

[1] *Bärenplatz* Bear Square. (Bern is famous for its bears, symbols of the city.)
[2] *Gott sei Dank!* Thank Heaven!
[3] *Alles deine Krankheit* All [of it is about] your sickness

hielt zwischen anderen Wagen, die dort parkten. Bärlach sah genauer hin. Tschanz stieg aus, und ein Mädchen in weißem Regenmantel, über den das Haar in blonden Strähnen floß.

«Ist bei dir einmal eingebrochen worden[4], Fritz?» fragte [5] der Kommissär.

«Wie kommst du darauf?[5]»

«Nur so[6].»

«Einmal war mein Schreibtisch durcheinander», gestand Hungertobel, «und deine Krankheitsgeschichte lag oben auf [10] dem Schreibtisch. Geld fehlte keins[7], obschon ziemlich viel im Schreibtisch war.»

«Und warum hast du das nicht gemeldet?»

Der Arzt kratzte sich im Haar. «Geld fehlte, wie gesagt, keins, und ich wollte es eigentlich trotzdem melden. Aber [15] dann habe ich es vergessen.»

«So», sagte Bärlach, «du hast es vergessen. Bei dir wenigstens geht es den Einbrechern gut.» Und er dachte: «Daher weiß es also Gastmann.» Er schaute wieder auf den Platz hinunter. Tschanz trat nun mit dem Mädchen in das [20] italienische Restaurant. «Am Tage seiner Beerdigung», dachte Bärlach und wandte sich nun endgültig vom Fenster ab. Er sah Hungertobel an, der am Schreibtisch saß und schrieb.

«Wie steht es nun mit mir?» [25]

«Hast du Schmerzen?»

Der Alte erzählte ihm seinen Anfall.

«Das ist schlimm, Hans», sagte Hungertobel, «wir müssen dich innert drei Tagen operieren. Es geht nicht mehr anders[8].» [30]

---

[4] *Ist bei dir einmal eingebrochen worden* Has your office ever been broken into

[5] *Wie kommst du darauf?* "How do you come on that?" = How does that occur to you?

[6] *Nur so* It just does

[7] *Geld fehlte keins* No money was missing

[8] *Es geht nicht mehr anders* "It goes not more otherwise" = There's no other way left

‹Ich fühle mich jetzt wohl wie nie[9].›

‹In vier Tagen wird ein neuer Anfall kommen, Hans›, sagte der Arzt, ‹und den wirst du nicht mehr überleben.›

‹Zwei Tage habe ich also noch Zeit. Zwei Tage. Und
5 am Morgen des dritten Tages wirst du mich operieren. Am Dienstagmorgen.›

‹Am Dienstagmorgen›, sagte Hungertobel.

‹Und dann habe ich noch ein Jahr zu leben, nicht wahr, Fritz?› sagte Bärlach und sah undurchdringlich wie immer
10 auf seinen Schulfreund. Der sprang auf und ging durchs Zimmer.

‹Wie kommst du auf solchen Unsinn!›

‹Von dem, der meine Krankheitsgeschichte las.›

‹Bist du der Einbrecher?› rief der Arzt erregt.

15 Bärlach schüttelte den Kopf: ‹Nein, nicht ich. Aber demnach[10] ist es so, Fritz, nur noch ein Jahr.›

‹Nur noch ein Jahr›, antwortete Hungertobel, setzte sich an der Wand seines Ordinationszimmers auf einen Stuhl und sah hilflos zu Bärlach hinüber, der in der Mitte des Zim-
20 mers stand, in ferner, kalter Einsamkeit, unbeweglich und demütig, vor dessen verlorenem Blick der Arzt nun die Augen senkte.

---

9 *jetzt wohl wie nie* "now well as never" = better than ever

10 *demnach* The word means "then, therefore," but can also mean "according to him."

16

GEGEN ZWEI UHR NACHTS wachte Bärlach plötzlich auf.
Er war früh zu Bett gegangen, hatte auch auf den Rat
Hungertobels hin ein Mittel genommen[1], das erste Mal, so
daß er zuerst sein heftiges Erwachen diesen ihm ungewohn-
ten Vorkehrungen zuschrieb. Doch glaubte er wieder, durch 5
irgendein Geräusch geweckt worden zu sein. Er war — wie
oft, wenn wir mit einem Schlag wach werden — übernatürlich hellsichtig und klar; dennoch mußte er sich zuerst orientieren, und erst nach einigen Augenblicken — die uns dann
Ewigkeiten scheinen[2] — fand er sich zurecht. Er lag nicht 10
im Schlafzimmer, wie es sonst seine Gewohnheit war, sondern in der Bibliothek; denn, auf eine schlechte Nacht vorbereitet, wollte er, wie er sich erinnerte, noch lesen, doch
mußte ihn mit einem Male ein tiefer Schlaf übermannt
haben. Seine Hände fuhren über den Leib, er war noch in 15
den Kleidern; nur eine Wolldecke hatte er über sich gebreitet. Er horchte. Etwas fiel auf den Boden, es war das
Buch, in dem er gelesen hatte. Die Finsternis des fenster-
losen Raums war tief, aber nicht vollkommen; durch die offene Türe des Schlafzimmers drang schwaches Licht, von dort 20
schimmerte der Schein der stürmischen Nacht. Er hörte von

[1] *ein [Schlaf]mittel genommen*   taken a sleeping pill
[2] *die uns dann Ewigkeiten scheinen*   which at those times seem
eternities to us

89

ferne den Wind aufheulen. Mit der Zeit erkannte er im
Dunkeln ein Büchergestell und einen Stuhl, auch die Kante
des Tisches, auf dem, wie er mühsam erkannte, noch immer
der Revolver lag. Da spürte er plötzlich einen Luftzug, im
5 Schlafzimmer schlug ein Fenster, dann schloß sich die Türe
mit einem heftigen Schlag. Unmittelbar nachher hörte der
Alte vom Korridor her ein leises Schnappen. Er begriff.
Jemand hatte die Haustüre geöffnet und war in den Korridor gedrungen, jedoch ohne mit der Möglichkeit eines Luft-
10 zuges zu rechnen. Bärlach stand auf und machte an der
Stehlampe Licht.

Er ergriff den Revolver und entsicherte ihn. Da machte
auch der andere im Korridor Licht. Bärlach, der durch die
halboffene Türe die brennende Lampe erblickte, war über-
15 rascht; denn er sah in dieser Handlung des Unbekannten
keinen Sinn. Er begriff erst, als es zu spät war. Er sah
die Silhouette eines Arms und einer Hand, die in die Lampe
griff, dann leuchtete eine blaue Flamme auf, es wurde finster: der Unbekannte hatte die Lampe herausgerissen und
20 einen Kurzschluß herbeigeführt. Bärlach stand in vollkom-
mener Dunkelheit, der andere hatte den Kampf aufgenommen und die Bedingungen gestellt: Bärlach mußte im Fin-
stern kämpfen. Der Alte umklammerte die Waffe und
öffnete vorsichtig die Türe zum Schlafzimmer. Er betrat
25 den Raum. Durch die Fenster fiel ungewisses Licht, zuerst
kaum wahrnehmbar, das sich jedoch, wie sich das Auge
daran gewöhnt hatte, verstärkte. Bärlach lehnte sich zwischen dem Bett und Fenster, das gegen den Fluß ging[3], an
die Wand; das andere Fenster war rechts von ihm, es ging
30 gegen das Nebenhaus. So stand er in undurchdringlichem
Schatten, zwar benachteiligt, da er nicht ausweichen konnte,
doch hoffte er, daß seine Unsichtbarkeit dies aufwöge. Die
Türe zur Bibliothek lag im schwachen Licht der Fenster. Er
mußte den Umriß des Unbekannten erblicken, wenn er sie
35 durchschritt. Da flammte in der Bibliothek der feine Strahl
einer Taschenlampe auf, glitt suchend über die Einbände,

---

[3] *das gegen den Fluß ging* "which went toward the river" = which
faced the river

90

dann über den Fußboden, über den Sessel, schließlich über den Schreibtisch. Im Strahl lag das Schlangenmesser. Wieder sah Bärlach die Hand durch die offene Türe ihm gegenüber. Sie steckte in[4] einem braunen Lederhandschuh, tastete über den Tisch, schloß sich um den Griff des Schlan- 5 genmessers. Bärlach hob die Waffe, zielte. Da erlosch die Taschenlampe. Unverrichteter Dinge ließ der Alte den Revolver wieder sinken, wartete. Er sah von seinem Platz aus durch das Fenster, ahnte die schwarze Masse des unaufhörlich fließenden Flusses, die aufgetürmte Stadt jenseits, die 10 Kathedrale, wie ein Pfeil in den Himmel stechend, und darüber die treibenden Wolken. Er stand unbeweglich und erwartete den Feind, der gekommen war, ihn zu töten. Sein Auge bohrte sich in den ungewissen Ausschnitt der Türe. Er wartete. Alles war still, leblos. Dann schlug die Uhr 15 im Korridor: Drei. Er horchte. Leise hörte er von ferne das Ticken der Uhr. Irgendwo hupte ein Automobil, dann fuhr es vorüber. Leute von einer Bar. Einmal glaubte er, atmen zu hören, doch mußte er sich getäuscht haben. So stand er da, und irgendwo in seiner Wohnung stand der 20 andere, und die Nacht war zwischen ihnen, diese geduldige, grausame Nacht, die unter ihrem schwarzen Mantel die tödliche Schlange barg, das Messer, das sein Herz suchte. Der Alte atmete kaum. Er stand da und umklammerte die Waffe, kaum daß er fühlte, wie kalter Schweiß über seinen Nacken 25 floß. Er dachte an nichts mehr, nicht mehr an Gastmann, nicht mehr an Lutz, auch nicht mehr an die Krankheit, die an seinem Leibe fraß, Stunde um Stunde, im Begriff, das Leben zu zerstören, das er nun verteidigte, voll Gier zu leben und nur zu leben. Er war nur noch ein Auge, das die Nacht 30 durchforschte, nur noch ein Ohr, das den kleinsten Laut überprüfte, nur noch eine Hand, die sich um das kühle Metall der Waffe schloß. Doch nahm er endlich die Gegenwart des Mörders anders wahr, als er geglaubt hatte; er spürte an seiner Wange eine ungewisse Kälte, eine geringe 35 Veränderung der Luft. Lange konnte er sich das nicht erklären, bis er erriet, daß sich die Türe, die vom Schlafzim-

---

[4] *Sie steckte in* "It stuck in" = it was in

mer ins Eßzimmer führte, geöffnet hatte. Der Fremde hatte
seine Überlegung zum zweiten Male durchkreuzt[5], er war
auf einem Umweg ins Schlafzimmer gedrungen, unsichtbar,
unhörbar, unaufhaltsam, in der Hand das Schlangenmesser.
5 Bärlach wußte nun, daß er den Kampf beginnen, daß er
zuerst handeln mußte, er, der alte, todkranke Mann, den
Kampf um ein Leben, das noch ein Jahr dauern konnte,
wenn alles gut ging, wenn Hungertobel gut und richtig
schnitt. Bärlach richtete den Revolver gegen das Fenster, das
10 nach der Aare sah. Dann schoß er, dann noch einmal,
dreimal im ganzen, schnell und sicher durch die zersplit-
ternde Scheibe hinaus in den Fluß, dann ließ er sich nieder.
Über ihm zischte es[6], es war das Messer, das nun federnd
in der Wand steckte. Aber schon hatte der Alte erreicht,
15 was er wollte: im andern Fenster wurde es Licht[7], es waren
die Leute des Nebenhauses, die sich nun aus ihren geöffneten Fenstern bückten; zu Tode erschrocken und verwirrt
starrten sie in die Nacht. Bärlach richtete sich auf. Das
Licht des Nebenhauses erleuchtete das Schlafzimmer, un-
20 deutlich sah er noch in der Eßzimmertüre den Schatten
einer Gestalt, dann schlug die Haustüre zu, hernach durch
den Luftzug die Türe zur Bibliothek[8], dann die zum Eßzimmer, ein Schlag nach dem andern, das Fenster klappte,
darauf war es still. Die Leute vom Nebenhaus starrten
25 immer noch in die Nacht. Der Alte rührte sich nicht an
seiner Wand, in der Hand immer noch die Waffe. Er stand
da, unbeweglich, als spüre er die Zeit nicht mehr. Die Leute
zogen sich zurück, das Licht erlosch. Bärlach stand an der
30 Wand, wieder in der Dunkelheit, eins mit ihr, allein im Haus.

---

[5] *Der Fremde hatte seine Überlegung zum zweiten Male durchkreuzt* "The stranger had crossed through his deliberation for
the second time" = The stranger had gone counter to his antici-
pation the second time

[6] *Über ihm zischte es* "Over him it hissed" = There was a swish-
ing sound above his head

[7] *wurde es Licht* "it became light" = the light went on

[8] *hernach durch den Luftzug die Türe zur Bibliothek* "afterwards
through the draft the door to the library" = then, drawn by the
rush of the draft, the library door [slammed]

17

NACH EINER HALBEN STUNDE ging er in den Korridor und
suchte seine Taschenlampe. Er telephonierte Tschanz, er
solle kommen. Dann vertauschte er die zerstörte Sicherung
mit einer neuen, das Licht brannte wieder. Bärlach setzte
sich in seinen Lehnstuhl, horchte in die Nacht. Ein Wagen
fuhr draußen vor, bremste jäh. Wieder ging die Haustüre,
wieder hörte er einen Schritt. Tschanz betrat den Raum.

«Man versuchte, mich zu töten», sagte der Kommissär.
Tschanz war bleich. Er trug keinen Hut, die Haare hingen
ihm wirr in die Stirne, und unter dem Wintermantel kam
das Pyjama hervor. Sie gingen zusammen ins Schlafzimmer.
Tschanz zog das Messer aus der Wand, mühselig, denn es
hatte sich tief in das Holz eingegraben.

«Mit dem?» fragte er.

«Mit dem, Tschanz.»

Der junge Polizist besah sich die zersplitterte Scheibe.
«Sie haben ins Fenster hineingeschossen, Kommissär?» fragte
er verwundert.

Bärlach erzählte ihm alles. «Das beste, was Sie tun konnten», brummte der andere.

Sie gingen in den Korridor, und Tschanz hob die Glühbirne vom Boden.

«Schlau», meinte er, nicht ohne Bewunderung, und legte
sie wieder weg. Dann gingen sie in die Bibliothek zurück.

93

Der Alte streckte sich auf den Diwan, zog die Decke über sich, lag da, hilflos, plötzlich uralt und wie zerfallen. Tschanz hielt immer noch das Schlangenmesser in der Hand. Er fragte:

5 «Konnten Sie denn den Einbrecher nicht erkennen?»

«Nein. Er war vorsichtig und zog sich schnell zurück. Ich konnte nur einmal sehen, daß er braune Lederhandschuhe trug.»

«Das ist wenig.»

10 «Das ist nichts. Aber wenn ich ihn auch nicht sah, kaum seinen Atem hörte, ich weiß, wer es gewesen ist. Ich weiß es; ich weiß es.»

Das alles sagte der Alte fast unhörbar. Tschanz wog in seiner Hand das Messer, blickte auf die graue, liegende
15 Gestalt, auf diesen alten, müden Mann, auf diese Hände, die neben dem zerbrechlichen Leib wie verwelkte Blumen neben einem Toten lagen. Dann sah er des Liegenden Blick. Ruhig, undurchdringlich und klar waren Bärlachs Augen auf ihn gerichtet. Tschanz legte das Messer auf den Schreib-
20 tisch.

«Morgen müssen Sie nach Grindelwald, Sie sind krank. Oder wollen Sie lieber doch nicht gehen? Es ist vielleicht nicht das Richtige, die Höhe. Es ist nun dort Winter.»

«Doch, ich gehe.»

25 «Dann müssen Sie noch etwas schlafen. Soll ich bei Ihnen wachen?»

«Nein, geh nur, Tschanz», sagte der Kommissär.

«Gute Nacht», sagte Tschanz und ging langsam hinaus. Der Alte antwortete nicht mehr, er schien schon zu schlafen.
30 Tschanz öffnete die Haustüre, trat hinaus, schloß sie wieder. Langsam ging er die wenigen Schritte bis zur Straße, schloß auch die Gartentüre, die offen war. Dann kehrte er sich gegen das Haus zurück. Es war immer noch finstere Nacht. Alle Dinge waren verloren in dieser Dunkelheit, auch die
35 Häuser nebenan. Nur weit oben brannte eine Straßenlampe, ein verlorener Stern in einer düsteren Finsternis, voll von Traurigkeit, voll vom Rauschen des Flusses. Tschanz stand

da, und plötzlich stieß er einen leisen Fluch aus. Sein Fuß stieß die Gartentüre wieder auf, entschlossen schritt er über den Gartenweg bis zur Haustüre, den Weg, den er gegangen, noch einmal zurückgehend. Er ergriff die Falle und drückte sie nieder. Aber die Haustüre war jetzt verschlossen. 5

Bärlach erhob sich um sechs, ohne geschlafen zu haben. Es war Sonntag. Der Alte wusch sich, legte auch andere Kleider an. Dann telephonierte er einem Taxi, essen wollte er im Speisewagen. Er nahm den warmen Wintermantel und verließ die Wohnung, trat in den grauen Morgen hinaus, 10 doch trug er keinen Koffer bei sich. Der Himmel war klar. Ein verbummelter Student wankte vorbei, nach Bier stinkend, grüßte. «Der Blaser», dachte Bärlach, «schon zum zweiten Male durchs Physikum gefallen, der arme Kerl[1]. Da fängt man an zu saufen.» Das Taxi fuhr heran, hielt. 15 Es war ein großer amerikanischer Wagen. Der Chauffeur hatte den Kragen hochgeschlagen, Bärlach sah kaum die Augen. Der Chauffeur öffnete.

«Bahnhof», sagte Bärlach und stieg ein. Der Wagen setzte sich in Bewegung. 20

«Nun», sagte eine Stimme neben ihm, «wie geht es dir? Hast du gut geschlafen?[2]»

Bärlach wandte den Kopf. In der andern Ecke saß Gastmann. Er war in einem hellen Regenmantel und hielt die Arme verschränkt. Die Hände steckten in braunen Leder- 25 handschuhen. So saß er da wie ein alter, spöttischer Bauer. Vorne wandte der Chauffeur sein Gesicht nach hinten, grinste. Der Kragen war jetzt nicht mehr hochgeschlagen, es war einer der Diener. Bärlach begriff, daß er in eine Falle gegangen war. 30

«Was willst du wieder von mir?» fragte der Alte.

«Du spürst mir immer noch nach. Du warst beim Schrift-

---

[1] *Der Blaser . . . schon zum zweiten Male durchs Physikum ge-fallen, der arme Kerl* Blaser . . . already failed his pre-medical examination a second time, poor fellow
[2] *Hast du gut geschlafen?* a conventional morning greeting

95

steller», sagte der in der Ecke, und seine Stimme klang
drohend.

«Das ist mein Beruf.»

Der andere ließ kein Auge von ihm: «Es ist noch
5 jeder umgekommen, der sich mit mir beschäftigt hat, Bär-
lach³.»

Der vorne fuhr wie der Teufel den Aargauerstalden
hinauf.

«Ich lebe noch. Und ich habe mich immer mit dir be-
10 schäftigt», antwortete der Kommissär gelassen.

Die beiden schwiegen.

Der Chauffeur fuhr in rasender Geschwindigkeit gegen
den Viktoriaplatz⁴. Ein alter Mann humpelte über die Straße
und konnte sich nur mit Mühe retten.

15 «Gebt doch acht», sagte Bärlach ärgerlich.

«Fahr schneller», rief Gastmann schneidend und musterte
den Alten spöttisch. «Ich liebe die Schnelligkeit der Maschi-
nen.»

Der Kommissär fröstelte. Er liebte die luftleeren Räume
20 nicht. Sie rasten über die Brücke, an einem Tram vorbei
und näherten sich über das silberne Band des Flusses tief
unter ihnen pfeilschnell der Stadt, die sich ihnen willig
öffnete. Die Gassen waren noch öde und verlassen, der
Himmel über der Stadt gläsern.

25 «Ich rate dir, das Spiel aufzugeben. Es wäre Zeit, deine
Niederlage einzusehen», sagte Gastmann und stopfte seine
Pfeife.

Der Alte sah nach den dunklen Wölbungen der Lauben,
an denen sie vorüberfuhren, nach den schattenhaften Ge-
30 stalten zweier Polizisten, die vor der Buchhandlung Lang⁵
standen.

---

³ *Der andere ließ kein Auge von ihm: «Es ist noch jeder umgekom-*
men, der sich mit mir beschäftigt hat, Bärlach.» The other did
not take his eyes from him: "So far everyone who busied himself
with my affairs (*mit mir*) has died, Bärlach."

⁴ *Viktoriaplatz* Victoria Square (in the north part of the city)

⁵ *Buchhandlung Lang* Lang's Bookstore

«Geißbühler und Zumsteg», dachte er, und dann: «Den Fontane sollte ich doch endlich einmal zahlen[6].»

«Unser Spiel», antwortete er endlich, «können wir nicht aufgeben. Du bist in jener Nacht in der Türkei schuldig geworden, weil du die Wette geboten hast, Gastmann, und ich, weil ich sie angenommen habe.» 5

Sie fuhren am Bundeshaus vorbei.

«Du glaubst immer noch, ich hätte den Schmied getötet?» fragte der andere.

«Ich habe keinen Augenblick daran geglaubt», antwortete 10 der Alte und fuhr dann fort, gleichgültig zusehend, wie der andere seine Pfeife in Brand steckte:

«Es ist mir nicht gelungen, dich der Verbrechen zu überführen, die du begangen hast, nun werde ich dich eben dessen überführen[7], das du nicht begangen hast.» 15

Gastmann schaute den Kommissär prüfend an.

«Auf diese Möglichkeit bin ich noch gar nicht gekommen», sagte er. «Ich werde mich vorsehen müssen.»

Der Kommissär schwieg.

«Vielleicht bist du ein gefährlicherer Bursche, als ich 20 dachte, alter Mann», meinte Gastmann in seiner Ecke nachdenklich.

Der Wagen hielt. Sie waren am Bahnhof.

«Es ist das letzte Mal, daß ich mit dir rede, Bärlach», sagte Gastmann. «Das nächste Mal werde ich dich töten, 25 gesetzt, daß du deine Operation überstehst.»

«Du irrst dich», sagte Bärlach, der auf dem morgendlichen Platz stand, alt und leicht frierend. «Du wirst mich nicht töten. Ich bin der einzige, der dich kennt, und so bin ich auch der einzige, der dich richten kann. Ich habe 30 dich gerichtet, Gastmann, ich habe dich zum Tode verurteilt. Du wirst den heutigen Tag nicht mehr überleben. Der

---

[6] *zahlen* i.e., he should pay for a book by Fontane (Theodor Fontane, 1819–1898, German writer) which he had bought at the bookstore.

[7] *nun werde ich dich eben dessen überführen, das . . .* now I shall simply convict you of the one which . . .

Henker, den ich ausersehen habe, wird heute zu dir kommen. Er wird dich töten, denn das muß nun eben einmal in Gottes Namen getan werden[8].»

Gastmann zuckte zusammen und starrte den Alten verwundert an, doch dieser ging in den Bahnhof hinein, die Hände im Mantel vergraben, ohne sich umzukehren, hinein in das dunkle Gebäude, das sich langsam mit Menschen füllte.

«Du Narr!» schrie Gastmann nun plötzlich dem Kommissär nach, so laut, daß sich einige Passanten umdrehten. «Du Narr!» Doch Bärlach war nicht mehr zu sehen.

[8] *denn das muß nun eben einmal in Gottes Namen getan werden*
for now it simply has to be done, there's no getting around it

18

DER TAG, der nun immer mehr heraufzog, war klar und
mächtig, die Sonne, ein makelloser Ball, warf harte und
lange Schatten, sie, höher rollend, nur wenig verkürzend.
Die Stadt lag da, eine weiße Muschel, das Licht aufsaugend,
in ihren Gassen verschluckend, um es nachts mit tausend 5
Lichtern wieder auszuspeien, ein Ungeheuer, das immer
neue Menschen gebar, zersetzte, begrub. Immer strahlender
wurde der Morgen, ein leuchtender Schild über dem Verhallen der Glocken. Tschanz wartete, bleich im Licht, das
von den Mauern prallte, eine Stunde lang. Er ging unruhig 10
in den Lauben vor der Kathedrale auf und ab, sah auch zu
den Wasserspeiern hinauf, wilden Fratzen, die auf das
Pflaster starrten, das im Sonnenlicht lag. Endlich öffneten
sich die Portale. Der Strom der Menschen war gewaltig,
Lüthi hatte gepredigt, doch sah er sofort den weißen Regen- 15
mantel. Anna kam auf ihn zu. Sie sagte, daß sie sich freue,
ihn zu sehen, und gab ihm die Hand. Sie gingen die Keßlergasse[1] hinauf, mitten im Schwarm der Kirchgänger, umgeben
von alten und jungen Leuten, hier ein Professor, da eine
sonntäglich herausgeputzte Bäckersfrau, dort zwei Studenten 20
mit einem Mädchen, einige Dutzend Beamte, Lehrer, alle

---

[1] *Keßlergasse* Tinkers' Street. The word *Gasse* is an old name
for "street." With few exceptions all the streets in the old part
of Bern bear this word in their names. In standard German
Gasse means "lane, alley."

sauber, alle gewaschen, alle hungrig, alle sich auf ein besseres Essen freuend. Sie erreichten den Kasinoplatz, überquerten ihn und gingen ins Marzili hinunter. Auf der Brücke blieben sie stehen.

5 «Fräulein Anna», sagte Tschanz, «heute werde ich Ulrichs Mörder stellen.»

«Wissen Sie denn, wer es ist?» fragte sie überrascht.

Er schaute sie an. Sie stand vor ihm, bleich und schmal.

«Ich glaube zu wissen²», sagte er. «Werden Sie mir, wenn
10 ich ihn gestellt habe», er zögerte etwas in seiner Frage, «das gleiche wie Ihrem verstorbenen Bräutigam sein?»

Anna antwortete nicht sofort. Sie zog ihren Mantel enger zusammen, als fröre sie. Ein leichter Wind stieg auf, brachte ihre blonden Haare durcheinander, aber dann sagte sie:

15 «So wollen wir es halten³.»

Sie gaben sich die Hand, und Anna ging ans andere Ufer. Er sah ihr nach. Ihr weißer Mantel leuchtete zwischen den Birkenstämmen, tauchte zwischen Spaziergängern unter, kam wieder hervor, verschwand endlich. Dann ging er zum
20 Bahnhof, wo er den Wagen gelassen hatte. Er fuhr nach Ligerz. Es war gegen Mittag, als er ankam; denn er fuhr langsam, hielt manchmal auch an, ging rauchend in die Felder hinein, kehrte wieder zum Wagen zurück, fuhr weiter. Er hielt in Ligerz vor der Station, stieg dann die
25 Treppe zur Kirche empor. Er war ruhig geworden. Der See war tiefblau, die Reben entlaubt und die Erde zwischen ihnen braun und locker. Doch Tschanz sah nichts und kümmerte sich um nichts. Er stieg unaufhaltsam und gleichmäßig hinauf, ohne sich umzukehren und ohne innezu-
30 halten. Der Weg führte steil bergan, von weißen Mauern eingefaßt, ließ Rebberg um Rebberg zurück. Tschanz stieg immer höher, ruhig, langsam, unbeirrbar, die rechte Hand in der Manteltasche. Manchmal kreuzte eine Eidechse seinen Weg, Bussarde stiegen auf, das Land zitterte im

---

² *Ich glaube zu wissen* I believe I know
³ *So wollen wir es halten* "Let us hold it thus" = Let's leave it at that

100

Feuer der Sonne, als wäre es Sommer; er stieg unaufhaltsam. Später tauchte er in den Wald ein, die Reben verlassend. Es wurde kühler. Zwischen den Stämmen leuchteten die weißen Jurafelsen. Er stieg immer höher hinan, immer im gleichen Schritt gehend, immer im gleichen stetigen Gang vorrückend, und betrat die Felder. Es war Acker- und Weideland; der Weg stieg sanfter. Er schritt an einem Friedhof vorbei, ein Rechteck, von einer grauen Mauer eingefaßt, mit weit offenem Tor. Schwarzgekleidete Frauen schritten auf den Wegen, ein alter gebückter Mann stand da, schaute dem Vorbeiziehenden nach, der immer weiterschritt, die rechte Hand in der Manteltasche.

Er erreichte Prêles, schritt am Hotel Bären vorbei und wandte sich gegen Lamboing. Die Luft über der Hochebene stand unbewegt und ohne Dunst. Die Gegenstände, auch die entferntesten, traten überdeutlich hervor. Nur der Grat des Chasserals war mit Schnee bedeckt, sonst leuchtete alles in einem hellen Braun, durchbrochen vom Weiß der Mauern und dem Rot der Dächer, von den schwarzen Bändern der Äcker. Gleichmäßig schritt Tschanz weiter; die Sonne schien ihm in den Rücken und warf seinen Schatten vor ihm her. Die Straße senkte sich, er schritt gegen die Sägerei, nun schien die Sonne seitlich. Er schritt weiter, ohne zu denken, ohne zu sehen, nur von *einem* Willen getrieben, von *einer* Leidenschaft beherrscht. Ein Hund bellte irgendwo, dann kam er heran, beschnupperte den stetig Vordringenden, lief wieder weg. Tschanz ging weiter, immer auf der rechten Straßenseite, einen Schritt um den andern, nicht langsamer, nicht schneller, dem Haus entgegen, das nun im Braun der Felder auftauchte, von kahlen Pappeln umrahmt. Tschanz verließ den Weg und schritt über die Felder. Seine Schuhe versanken in der warmen Erde eines ungepflügten Ackers, er schritt weiter. Dann erreichte er das Tor. Es war offen, Tschanz schritt hindurch. Im Hof stand ein amerikanischer Wagen. Tschanz achtete nicht auf ihn. Er ging zur Haustüre. Auch sie war offen. Tschanz betrat einen Vorraum, öffnete eine zweite Türe und schritt dann in eine

Halle hinein, die das Parterre einnahm. Tschanz blieb stehen. Durch die Fenster ihm gegenüber fiel grelles Licht. Vor ihm, nicht fünf Schritt entfernt, stand Gastmann und neben ihm riesenhaft die Diener, unbeweglich und drohend, 5 zwei Schlächter. Alle drei waren in Mänteln, Koffer neben sich getürmt, alle drei waren reisefertig.

Tschanz blieb stehen.

«Sie sind es also», sagte Gastmann, und sah leicht verwundert das ruhige, bleiche Gesicht des Polizisten und hinter 10 diesem die noch offene Türe.

Dann fing er an zu lachen: «So meinte es der Alte! Nicht ungeschickt[4], ganz und gar nicht ungeschickt!»

Gastmanns Augen waren weit aufgerissen, und eine gespenstische Heiterkeit leuchtete in ihnen auf.

15 Ruhig, ohne ein Wort zu sprechen, und fast langsam nahm einer der zwei Schlächter einen Revolver aus der Tasche und schoß. Tschanz fühlte an der linken Achsel einen Schlag, riß die Rechte aus der Tasche und warf sich auf die Seite. Dann schoß er dreimal in das nun wie in 20 einem leeren, unendlichen Raume verhallende Lachen Gastmanns hinein[5].

---

[4] *Nicht ungeschickt* "Not inept" = Clever
[5] *das nun wie in einem leeren, unendlichen Raume verhallende Lachen Gastmanns* Gastmann's laugh, now dying away as in an empty, boundless space

19

Von tschanz durchs Telephon verständigt, eilte Charnel von Lamboing herbei, von Twann Clenin, und von Biel
kam das Überfallkommando. Man fand Tschanz blutend
bei den drei Leichen, ein weiterer Schuß hatte ihn am linken
Unterarm getroffen. Das Gefecht mußte kurz gewesen sein, 5
doch hatte jeder der drei nun Getöteten noch geschossen.
Bei jedem fand man einen Revolver, der eine der Diener
hielt den seinen mit der Hand umklammert[1]. Was sich
nach dem Eintreffen Charnels weiter ereignete, konnte
Tschanz nicht mehr erkennen. Als ihn der Arzt von Neu-10
veville verband, fiel er zweimal in Ohnmacht; doch erwiesen
sich die Wunden nicht als gefährlich. Später kamen Dorfbewohner, Bauern, Arbeiter, Frauen. Der Hof war überfüllt, und die Polizei sperrte ab; einem Mädchen aber ge-
lang es, bis in die Halle zu dringen, wo es sich, laut schrei-15
end, über Gastmann warf. Es war die Kellnerin, Charnels
Braut. Er stand dabei, rot vor Wut. Dann brachte man
Tschanz mitten durch die zurückweichenden Bauern in den
Wagen.

«Da liegen sie alle drei», sagte Lutz am andern Morgen 20
und wies auf die Toten, aber seine Stimme klang nicht
triumphierend, sie klang traurig und müde.

[1] *der eine der Diener hielt den seinen mit der Hand umklammert*
one of the servants held his gripped in his hand

Von Schwendi nickte konsterniert. Der Oberst war mit
Lutz im Auftrag seines Klienten nach Biel gefahren. Sie
hatten den Raum betreten, in dem die Leichen lagen. Durch
ein kleines, vergittertes Fenster fiel ein schräger Lichtstrahl.
5 Die beiden standen da in ihren Mänteln und froren. Lutz
hatte rote Augen. Die ganze Nacht hatte er sich mit Gastmanns Tagebüchern beschäftigt, mit schwer leserlichen,
stenographierten Dokumenten.

Lutz vergrub seine Hände tiefer in die Taschen. «Da
10 stellen wir Menschen aus Angst voreinander Staaten auf[2],
von Schwendi», hob er fast leise wieder an, «umgeben
uns mit Wächtern jeder Art, mit Polizisten, mit Soldaten,
mit einer öffentlichen Meinung, aber was nützt es uns?»
Lutzens Gesicht verzerrte sich, seine Augen traten hervor,
15 und er lachte ein hohles, meckerndes Gelächter in den Raum
hinein, der sie kalt und arm umgab. «Ein Hohlkopf an der
Spitze einer Großmacht, Nationalrat, und schon werden wir
weggeschwemmt, ein Gastmann, und schon sind unsere
Ketten durchbrochen, die Vorposten umgangen[3].»

20 Von Schwendi sah ein, daß es am besten war, den Untersuchungsrichter auf realen Boden zu bringen, wußte
aber nicht recht, wie. «Unsere Kreise werden eben von
allen möglichen Leuten geradezu schamlos ausgenützt»,
sagte er endlich.

25 «Es ist peinlich, überaus peinlich.»

«Niemand hatte eine Ahnung», beruhigte ihn Lutz.

«Und Schmied?» fragte der Nationalrat, froh, auf ein
Stichwort gekommen zu sein.

«Wir haben bei Gastmann eine Mappe gefunden, die

---

[2] *Da stellen wir Menschen aus Angst voreinander Staaten auf* Thus
it is (*da*) that we men, from fear of one another, establish nations
(*Staaten* = "states")

[3] *Ein Hohlkopf an der Spitze einer Großmacht, Nationalrat, und
schon werden wir weggeschwemmt, ein Gastmann, und schon sind
unsere Ketten durchbrochen, die Vorposten umgangen* One mad-
man at the head of a great power, Nationalrat, and immediately
we are swept away, one Gastmann and our chains (i.e., defenses)
are broken, our outposts are infiltrated (*umgangen* = "gone
around")

Schmied gehörte. Sie enthielt Angaben über Gastmanns Leben und Vermutungen über dessen Verbrechen. Schmied versuchte, Gastmann zu stellen[4]. Er tat dies als Privatperson. Ein Fehler, den er büßen mußte; denn es ist bewiesen, daß Gastmann auch Schmied ermorden ließ: Schmied muß mit der Waffe getötet worden sein, die einer der Diener in der Hand hielt, als ihn Tschanz erschoß. Die Untersuchung der Waffe hat dies sofort bestätigt. Auch der Grund seiner Ermordung ist klar: Gastmann fürchtete, durch Schmied entlarvt zu werden. Schmied hätte sich uns anvertrauen sollen. Aber er war jung und ehrgeizig.»

Bärlach betrat die Totenkammer. Als Lutz den Alten sah, wurde er melancholisch und verbarg die Hände wieder in seinen Taschen. «Nun, Kommissär», sagte er und trat von einem Bein auf das andere, «es ist schön, daß wir uns hier treffen. Sie sind rechtzeitig von Ihrem Urlaub zurück, und ich kam auch nicht zu spät mit meinem Nationalrat hergebraust[5]. Die Toten sind serviert[6]. Wir haben uns viel gestritten, Bärlach, ich war für eine ausgeklügelte Polizei mit allen Schikanen, am liebsten hätte ich sie noch mit der Atombombe versehen, und Sie, Kommissär, mehr für etwas Menschliches, für eine Art Landjägertruppe aus biederen Großvätern. Begraben wir den Streit. Wir hatten beide unrecht, Tschanz hat uns ganz unwissenschaftlich mit seinem bloßen Revolver widerlegt. Ich will nicht wissen, wie. Nun gut, es war Notwehr, wir müssen es ihm glauben, und wir dürfen ihm glauben. Die Beute hat sich gelohnt[7], die Erschossenen verdienen tausendmal den Tod, wie die schöne Redensart heißt[8], und wenn es nach der Wissenschaft gegangen wäre, schnüffelten wir jetzt bei fremden

---

[4] *Gastmann zu stellen* to corner Gastmann, bring Gastmann to bay
[5] *kam . . . hergebraust* came rushing to this place
[6] *Die Toten sind serviert* "The dead [bodies] are served up" = Here are the bodies
[7] *Die Beute hat sich gelohnt* "The prey has repaid itself" = The prey has been worth the while
[8] *wie die schöne Redensart heißt* as the (fine, beautiful) saying goes

Diplomaten herum. Ich werde Tschanz befördern müssen;
aber wie Esel stehen wir da, wir beide. Der Fall Schmied ist
abgeschlossen.»

Lutz senkte den Kopf, verwirrt durch das rätselhafte
5 Schweigen des Alten, sank in sich zusammen[9], wurde
plötzlich wieder der korrekte, sorgfältige Beamte, räusperte
sich und wurde, wie er den noch immer verlegenen von
Schwendi bemerkte, rot; dann ging er, vom Oberst begleitet,
langsam hinaus in das Dunkel irgendeines Korridors und
10 ließ Bärlach allein zurück. Die Leichen lagen auf Trag-
bahren und waren mit schwarzen Tüchern zugedeckt. Von
den kahlen, grauen Wänden blätterte der Gips. Bärlach
trat zu der mittleren Bahre und deckte den Toten auf. Es
war Gastmann. Bärlach stand leicht über ihn gebeugt, das
15 schwarze Tuch noch in der linken Hand. Schweigend
schaute er auf das wächserne Antlitz des Toten nieder, auf
den immer noch heiteren Zug der Lippen, doch waren die
Augenhöhlen jetzt noch tiefer, und es lauerte nichts Schreckliches mehr in diesen Abgründen. So trafen sie sich zum
20 letzten Male, der Jäger und das Wild, das nun erledigt zu
seinen Füßen lag. Bärlach ahnte, daß sich nun das Leben
beider zu Ende gespielt hatte[10], und noch einmal glitt sein
Blick durch die Jahre hindurch, legte sein Geist den Weg
durch die geheimnisvollen Gänge des Labyrinths zurück, das
25 beider Leben war[11]. Nun blieb zwischen ihnen nichts mehr
als die Unermeßlichkeit des Todes, ein Richter, dessen Urteil das Schweigen ist. Bärlach stand immer noch gebückt,
und das fahle Licht der Zelle lag auf seinem Gesicht und
auf seinen Händen, umspielte auch die Leiche, für beide
30 geltend, für beide erschaffen, beide versöhnend. Das Schweigen des Todes sank auf ihn, kroch in ihn hinein, aber es gab
ihm keine Ruhe wie dem andern. Die Toten haben immer

---

[9] *sank in sich zusammen*   slumped
[10] *zu Ende gespielt hatte*   "had played to [the] end" = had come to
a close
[11] *das beider Leben war*   "that was life of both" = that had been
life for both of them

recht. Langsam deckte Bärlach das Gesicht Gastmann wieder zu. Das letzte Mal, daß er ihn sah; von nun an gehörte sein Feind dem Grab. Nur *ein* Gedanke hatte ihn jahrelang beherrscht; den zu vernichten, der nun im kahlen, grauen Raume zu seinen Füßen lag, vom niederfallenden Gips wie mit leichtem, spärlichem Schnee bedeckt; und nun war dem Alten nichts mehr geblieben als ein müdes Zudecken, als eine demütige Bitte um Vergessen, die einzige Gnade, die ein Herz besänftigen kann, das ein wütendes Feuer verzehrt.

2

DANN, noch am gleichen Tag, Punkt acht, betrat Tschanz das Haus des Alten im Altenberg, von ihm dringend für diese Stunde hergebeten. Ein junges Dienstmädchen mit weißer Schürze hatte ihm zu seiner Verwunderung geöffnet[1], und
5 wie er in den Korridor kam, hörte er aus der Küche das Kochen und Brodeln von Wasser und Speisen, das Klirren von Geschirr. Das Dienstmädchen nahm ihm den Mantel von den Schultern. Er trug den linken Arm in der Schlinge; trotzdem war er im Wagen gekommen. Das Mädchen öffnete
10 ihm die Türe zum Eßzimmer, und erstarrt blieb Tschanz stehen: der Tisch war feierlich für zwei Personen gedeckt. In einem Leuchter brannten Kerzen, und an einem Ende des Tisches saß Bärlach in einem Lehnstuhl, von den stillen Flammen rot beschienen, ein unerschütterliches Bild der
15 Ruhe.

«Nimm Platz, Tschanz», rief der Alte seinem Gast entgegen und wies auf einen zweiten Lehnstuhl, der an den Tisch gerückt war. Tschanz setzte sich betäubt.

«Ich wußte nicht, daß ich zu einem Essen komme», sagte
20 er endlich.

«Wir müssen deinen Sieg feiern», antwortete der Alte ruhig und schob den Leuchter etwas auf die Seite, so daß

---

1 *hatte ihm zu seiner Verwunderung geöffnet* had, to his amazement, opened [the door] for him

sie sich voll ins Gesicht sahen. Dann klatschte er in die Hände. Die Türe öffnete sich, und eine stattliche, rundliche Frau brachte eine Platte, die bis zum Rande überhäuft war mit Sardinen, Krebsen, Salaten von Gurken, Tomaten, Erbsen, besetzt mit Bergen von Mayonnaise und Eiern, da- 5 zwischen kalter Aufschnitt, Hühnerfleisch und Lachs. Der Alte nahm von allem[2]. Tschanz, der sah, was für eine Riesenportion der Magenkranke aufschichtete, ließ sich in seiner Verwunderung nur etwas Kartoffelsalat geben.

«Was wollen wir trinken?» sagte Bärlach, «Ligerzer?» 10
«Gut, Ligerzer», antwortete Tschanz wie träumend. Das Dienstmädchen kam und schenkte ein. Bärlach fing an zu essen, nahm dazu Brot, verschlang den Lachs, die Sardinen, das Fleisch der roten Krebse, den Aufschnitt, die Salate, die Mayonnaise und den kalten Braten, klatschte in die Hände, 15 verlangte noch einmal. Tschanz, wie starr, war noch nicht mit seinem Kartoffelsalat fertig. Bärlach ließ sich das Glas zum dritten Male füllen.

«Nun die Pasteten und den roten Neuenburger», rief er. Die Teller wurden gewechselt, Bärlach ließ sich drei Pas- 20 teten auf den Teller legen, gefüllt mit Gänseleber, Schweinefleisch und Trüffeln.

«Sie sind doch krank, Kommissär», sagte Tschanz endlich zögernd.

«Heute nicht, Tschanz, heute nicht. Ich feiere, daß ich 25 Schmieds Mörder endlich gestellt habe![3]»

Er trank das zweite Glas Roten[4] aus und fing die dritte Pastete an, pausenlos essend, gierig die Speisen dieser Welt in sich hineinschlingend, zwischen den Kiefern zermalmend, ein Dämon, der einen unendlichen Hunger stillte. An der 30 Wand zeichnete sich, zweimal vergrößert, in wilden Schatten seine Gestalt ab, die kräftigen Bewegungen der Arme, das Senken des Kopfes, gleich dem Tanz eines triumphie-

[2] *rahm von allem* took some of each
[3] *daß ich Schmieds Mörder endlich gestellt habe* "that I have finally brought to bay Schmied's murderer" = that I know finally who Schmied's murderer is
[4] *das zweite Glas Roten* the second glass of red wine

renden Negerhäuptlings. Tschanz sah voll Entsetzen nach diesem unheimlichen Schauspiel, das der Todkranke bot. Unbeweglich saß er da, ohne zu essen, ohne den geringsten Bissen zu sich zu nehmen, nicht einmal am Glas nippte er. 5 Bärlach ließ sich Kalbskoteletts, Reis, Pommes frites und grünen Salat bringen, dazu Champagner. Tschanz zitterte. «Sie verstellen sich», keuchte er, «Sie sind nicht krank!» Der andere antwortete nicht sofort. Zuerst lachte er, und dann beschäftigte er sich mit dem Salat, jedes Blatt 10 einzeln genießend. Tschanz wagte nicht, den grauenvollen Alten ein zweites Mal zu fragen.

«Ja, Tschanz», sagte Bärlach endlich, und seine Augen funkelten wild, «ich habe mich verstellt. Ich war nie krank», und er schob sich ein Stück Kalbfleisch in den Mund, aß 15 weiter, unaufhörlich, unersättlich.

Da begriff Tschanz, daß er in eine heimtückische Falle geraten war, deren Türe nun hinter ihm ins Schloß schnappte. Kalter Schweiß brach aus seinen Poren. Das Entsetzen umklammerte ihn mit immer stärkeren Armen. Die Erkennt- 20 nis seiner Lage kam zu spät, es gab keine Rettung mehr.

«Sie wissen es, Kommissär», sagte er leise.

«Ja, Tschanz, ich weiß es», sagte Bärlach fest und ruhig, aber ohne dabei die Stimme zu heben, als spräche er von etwas Gleichgültigem. «Du bist Schmieds Mörder.» Dann 25 griff er nach dem Glas Champagner und leerte es in einem Zug.

«Ich habe es immer geahnt, daß Sie es wissen», stöhnte der andere fast unhörbar.

Der Alte verzog keine Miene. Es war, als ob ihn nichts 30 mehr interessiere als dieses Essen; unbarmherzig häufte er sich den Teller zum zweitenmal voll mit Reis, goß Sauce darüber, türmte ein Kalbskotelett obenauf. Noch einmal versuchte sich Tschanz zu retten, sich gegen den teuflischen Esser zur Wehr zu setzen.

35 «Die Kugel stammt aus dem Revolver, den man beim Diener gefunden hat», stellte er trotzig fest. Aber seine Stimme klang verzagt.

110

In Bärlachs zusammengekniffenen Augen wetterleuchtete
es verächtlich[5]. «Unsinn, Tschanz. Du weißt genau, daß
es *dein* Revolver ist, den der Diener in der Hand hielt, als
man ihn fand. Du selbst hast ihn dem Toten in die Hand
gedrückt. Nur die Entdeckung, daß Gastmann ein Verbrecher war, verhinderte, dein Spiel zu durchschauen[6].»

«Das werden Sie mir *nie* beweisen können», lehnte sich
Tschanz verzweifelt auf.

Der Alte reckte sich in seinem Stuhl, nun nicht mehr
krank und zerfallen, sondern mächtig und gelassen, das
Bild einer übermenschlichen Überlegenheit, ein Tiger, der
mit seinem Opfer spielt, und trank den Rest des Cham-
pagners aus. Dann ließ er sich von der unaufhörlich kom-
menden und gehenden Bedienerin Käse servieren; dazu aß
er Radieschen, Salzgurken und Perlzwiebeln. Immer neue
Speisen nahm er zu sich, als koste er nur noch einmal, zum
letzten Male das, was die Erde dem Menschen bietet.

«Hast du es immer noch nicht begriffen, Tschanz», sagte
er endlich, «daß du mir deine Tat schon lange bewiesen hast?
Der Revolver stammt von dir; denn Gastmanns Hund, den
du erschossen hast, mich zu retten, wies eine Kugel vor, die
von der Waffe stammen mußte, die Schmied den Tod
brachte: von *deiner* Waffe. Du selbst brachtest die Indizien
herbei, die ich brauchte. Du hast dich verraten, als du mir
das Leben rettetest.»

«Als ich Ihnen das Leben rettete! Darum fand ich die
Bestie nicht mehr[7]», antwortete Tschanz mechanisch. «Wußten Sie, daß Gastmann einen Bluthund besaß?»

«Ja. Ich hatte meinen linken Arm mit einer Decke
umwickelt.»

---

[5] *In Bärlachs zusammengekniffenen Augen wetterleuchtete es verächtlich* "In Bärlach's squeezed together eyes it lightened con-
temptuously" = Lightning flashed in Bärlach's half-closed con-
temptuous eyes

[6] *dein Spiel zu durchschauen* "to see through your game" = your
game's being found out

[7] *Darum fand ich die Bestie nicht mehr* That's why I wasn't able
to find the beast again

«Dann haben Sie mir auch hier eine Falle gestellt», sagte der Mörder fast tonlos.

«Auch damit. Aber den ersten Beweis hast du mir gegeben, als du mit mir am Freitag über Ins nach Ligerz fuhrst, um mir die Komödie mit dem ‹blauen Charon› vorzuspielen. Schmied fuhr am Mittwoch über Zollikofen, das wußte ich, denn er hielt in jener Nacht bei der Garage in Lyß.»

«Wie konnten Sie das wissen?» fragte Tschanz.

«Ich habe ganz einfach telephoniert. Wer in jener Nacht über Ins und Erlach fuhr, war der Mörder: du, Tschanz. Du kamst von Grindelwald. Die Pension Eiger besitzt ebenfalls einen blauen Mercedes. Seit Wochen hattest du Schmied beobachtet, jeden seiner Schritte überwacht, eifersüchtig auf seine Fähigkeiten, auf seinen Erfolg, auf seine Bildung, auf sein Mädchen. Du wußtest, daß er sich mit Gastmann beschäftigte, du wußtest sogar, wann er ihn besuchte, aber du wußtest nicht, warum. Da fiel dir durch Zufall auf seinem Pult die Mappe mit den Dokumenten in die Hände. Du beschlossest, den Fall zu übernehmen und Schmied zu töten, um einmal selber Erfolg zu haben. Du dachtest richtig, es würde dir leichtfallen, Gastmann mit einem Mord zu belasten. Wie du nun in Grindelwald den blauen Mercedes sahst, wußtest du deinen Weg. Du hast den Wagen für die Nacht auf den Donnerstag gemietet. Ich ging nach Grindelwald, um das festzustellen. Das weitere ist einfach: du fuhrst über Ligerz nach Schernelz und ließest den Wagen im Twannbachwald stehen, du durchquertest den Wald auf einer Abkürzung durch die Schlucht, wodurch du auf die Straße Twann-Lamboing gelangtest. Bei den Felsen wartetest du Schmied ab, er erkannte dich und stoppte verwundert. Er öffnete die Türe, und dann hast du ihn getötet. Du hast es mir ja selbst erzählt. Und nun hast du, was du wolltest: seinen Erfolg, seinen Posten, seinen Wagen und seine Freundin.»

Tschanz hörte dem unerbittlichen Schachspieler zu, der ihn mattgesetzt hatte und nun sein grauenhaftes Mahl beendete. Die Kerzen brannten unruhiger, das Licht flackerte auf den Gesichtern der zwei Männer, die Schatten verdichteten sich. Totenstille herrschte in dieser nächtlichen Hölle, die Dienerinnen kamen nicht mehr. Der Alte saß jetzt unbeweglich, er schien nicht einmal mehr zu atmen, das flakkernde Licht umfloß ihn mit immer neuen Wellen, rotes 5 Feuer, das sich am Eis seiner Stirne und seiner Seele brach.

«Sie haben mit mir gespielt», sagte Tschanz langsam.

«Ich habe mit dir gespielt», antwortete Bärlach mit furchtbarem Ernst. «Ich konnte nicht anders. Du hast mir Schmied getötet, und nun mußte ich dich nehmen[8].» 10

«Um Gastmann zu töten», ergänzte Tschanz, der mit einem Male die ganze Wahrheit begriff.

«Du sagst es. Mein halbes Leben habe ich hingegeben, Gastmann zu stellen, und Schmied war meine letzte Hoffnung. Ich hatte ihn auf den Teufel in Menschengestalt ge- 15 hetzt[9], ein edles Tier auf eine wilde Bestie. Aber dann bist du gekommen, Tschanz, mit deinem lächerlichen, verbrecherischen Ehrgeiz, und hast mir meine einzige Chance vernichtet. Da habe ich *dich* genommen, dich, den Mörder, und habe dich in meine furchtbarste Waffe verwandelt, denn 20 dich trieb die Verzweiflung, der Mörder mußte einen anderen Mörder finden. Ich machte mein Ziel zu deinem Ziel.»

«Es war für mich die Hölle», sagte Tschanz.

«Es war für uns beide die Hölle», fuhr der Alte mit 25 fürchterlicher Ruhe fort. «Von Schwendis Dazwischenkommen trieb dich zum Äußersten, du mußtest auf irgendeine Weise Gastmann als Mörder entlarven, jedes Abweichen von der Spur, die auf Gastmann deutete, konnte auf deine führen. Nur noch Schmieds Mappe konnte dir helfen. Du 30 wußtest, daß sie in meinem Besitze war, aber du wußtest nicht, daß sie Gastmann bei mir geholt hatte. Darum hast

[8] *Du hast mir Schmied getötet, und nun mußt ich dich nehmen* You killed [my subordinate] Schmied and then I had to take (or get) you.
[9] *Ich hatte ihn auf den Teufel in Menschengestalt gehetzt* I had put him on the trail of that devil in human form

113

du mich in der Nacht vom Samstag auf den Sonntag[10] überfallen. Auch beunruhigte dich, daß ich nach Grindelwald ging.»

«Sie wußten, daß ich es war, der Sie überfiel?» sagte Tschanz tonlos.

«Ich wußte das vom ersten Moment an. Alles was ich tat, geschah mit der Absicht, dich in die äußerste Verzweiflung zu treiben. Und wie die Verzweiflung am größten war, gingst du hin nach Lamboing, um irgendwie die Entscheidung zu suchen.»

«Einer von Gastmanns Dienern fing an zu schießen», sagte Tschanz.

«Ich habe Gastmann am Sonntagmorgen gesagt, daß ich einen schicken würde, ihn zu töten.»

Tschanz taumelte. Es überlief ihn eiskalt[11]. «Da haben Sie mich und Gastmann aufeinander gehetzt wie· Tiere!»

«Bestie gegen Bestie», kam es unerbittlich vom andern Lehnstuhl her.

«Dann waren Sie der Richter, und ich der Henker», keuchte der andere.

«Es ist so», antwortete der Alte.

«Und ich, der ich nur Ihren Willen ausführte, ob ich wollte oder nicht, bin nun ein Verbrecher, ein Mensch, den man jagen wird!»

Tschanz stand auf, stützte sich mit der rechten, unbehinderten Hand auf die Tischplatte. Nur noch eine Kerze brannte. Tschanz suchte mit brennenden Augen in der Finsternis des Alten Umrisse zu erkennen, sah aber nur einen unwirklichen, schwarzen Schatten. Unsicher und tastend machte er eine Bewegung gegen die Rocktasche.

«Laß das», hörte er den Alten sagen. «Es hat keinen Sinn. Lutz weiß, daß du bei mir bist, und die Frauen sind noch im Haus.»

[10] *in der Nacht vom Samstag auf den Sonntag* "in the night from Saturday to Sunday" = some time late Saturday night or early Sunday morning
[11] *Es überlief ihn eiskalt* "It ran over him ice cold" = A chill ran through him

«Ja, es hat keinen Sinn», antwortete Tschanz leise.

«Der Fall Schmied ist erledigt», sagte der Alte durch die Dunkelheit des Raumes hindurch. «Ich werde dich nicht verraten. Aber geh! Irgendwohin! Ich will dich nie mehr sehen. Es ist genug, daß ich *einen* richtete. Geh! Geh!» 5

Tschanz ließ den Kopf sinken und ging langsam hinaus, verwachsend mit der Nacht, und wie die Türe ins Schloß fiel und wenig später draußen ein Wagen davonfuhr, erlosch die Kerze, den Alten, der die Augen geschlossen hatte, noch einmal in das Licht einer grellen Flamme tauchend. 10

115

21

BÄRLACH SASS die ganze Nacht im Lehnstuhl, ohne auf-
zustehen, ohne sich zu erheben. Die ungeheure, gierige
Lebenskraft, die noch einmal mächtig in ihm aufgeflammt
war, sank in sich zusammen, drohte zu erlöschen. Tollkühn
5 hatte der Alte noch einmal ein Spiel gewagt, aber in einem
Punkte hatte er Tschanz belogen, und als am frühen Morgen,
bei Tagesanbruch, Lutz ins Zimmer stürmte, verwirrt berich-
tend, Tschanz sei zwischen Ligerz und Twann unter seinem
vom Zug erfaßten Wagen[1] tot aufgefunden worden, traf er
10 den Kommissär todkrank. Mühsam befahl der Alte, Hungertobel zu benachrichtigen, jetzt sei Dienstag und man
könne ihn operieren.

«Nur noch ein Jahr», hörte Lutz den zum Fenster hinaus
in den gläsernen Morgen starrenden Alten sagen. «Nur noch
15 ein Jahr.»

[1] *unter seinem vom Zug erfaßten Wagen*   under his car, which had
been struck by a train

116

Questions

CHAPTER 1

1. Was glaubt Clenin, der Polizist von Twann, als er den Wagen und seinen Fahrer zuerst sieht?
2. Wieso dauert es so lang, bis Clenin nach Biel gelangt?
3. Was hat Bärlach mit Schmied zu tun gehabt?
4. Was lernen wir über Bärlachs Leben?
5. Wie fängt Bärlach die Untersuchung an?
6. Was meint Bärlach, als er Frau Schönler antwortet: ‹Er ist mehr in der Höhe›?
7. Was nimmt Bärlach mit, wie er Schmieds Zimmer verläßt?

CHAPTER 2

1. Warum ißt Bärlach nicht in seinem gewöhnlichen Restaurant?
2. Was ist Lutz' Verhältnis zu Bärlach?
3. Was ist Ihre Meinung über Lutz?
4. Wo befindet sich Tschanz?
5. Warum ist Lutz mit Tschanz als Bärlachs Stellvertreter einverstanden?
6. Wie heißt Lamboing auf deutsch?
7. Was findet Bärlach am Tatort?

CHAPTER 3

1. Beschreiben Sie Tschanz!
2. Was für einen Eindruck haben Sie von Tschanz als Polizist?
3. Was ist Bärlachs Meinung über Schmieds Fähigkeiten?
4. Warum will Bärlach Tschanz nichts über seinen Verdacht sagen?
5. Glauben Sie, Bärlach hat gute Gründe für seinen Verdacht?
6. Was für einen Unterschied kann man zwischen Tschanz und seinem Vorgesetzten bemerken?
7. Ist der Unterschied derselbe als der zwischen Bärlach und Lutz?

CHAPTER 4

1. Wo wohnt Bärlach?
2. Beschreiben Sie Bärlachs «Schlange»!
3. Wie hat Schmied seinen Wagen genannt?
4. Was bedeutet dieser Name?
5. Wie reagiert Tschanz auf die Erklärung des Namens?
6. Ist der Name hier wichtig oder bedeutsam? Warum?

CHAPTER 5

1. Warum vermutet man, daß Schmied bei einer Gesellschaft war, bevor er erschossen wurde?
2. Warum hat Tschanz «Respekt» vor Schmieds Mörder?
3. Beschreiben Sie das Haus, vor dem die zwei Männer halten!
4. Warum sagt Tschanz: «Ich habe ins Blaue geschossen und ins Schwarze getroffen»?
5. Wie verdient Tschanz eine Zigarre?
6. Wie weiß Tschanz, dieses G heißt «Gastmann»?

CHAPTER 6

1. Was tun die zwei Männer zuerst, als sie wieder beim Haus halten?

2. In welcher Gefahr befindet sich Bärlach?
3. Wie und von wem wird Bärlach gerettet?
4. Wie reagieren die Leute der Gesellschaft auf die Störung?
5. Beschreiben Sie den Mann, dem Bärlach und Tschanz begegnen!
6. Behandelt Bärlach von Schwendi in einer geschickten Weise? Erklären Sie Ihre Antwort!
7. Seiner Erklärung nach, warum war von Schwendi zuerst unhöflich?
8. Beschreiben Sie ausführlich die Fehler, die Charnel macht, als er Deutsch spricht!
9. Charnels Meinung nach, was hat Gastmann für einen Beruf? Warum glaubt er das?
10. Welche Tatsachen veranlassen Charnel zu glauben, daß Gastmann «der sympathischste Mensch im ganzen Kanton» ist?

CHAPTER 7

1. Wo begegnet Tschanz seinem Vorgesetzten?
2. Wie fühlt er sich, als er ihm begegnet? Warum?
3. Wie redet Bärlach Tschanz an?
4. Was bedeutet das?
5. Warum dankt Bärlach Tschanz?
6. Woraus kann man ersehen, daß Bärlach seinem Assistenten nicht ganz traut?

CHAPTER 8

1. Wer besucht Lutz?
2. Warum erwartet er, daß ihm Lutz entgegenkommen wird?
3. Welches «Mittel» braucht die Schweiz, dem Nationalrat nach?
4. Scheinen Ihnen Lutz' Worte ironisch: «Die Leute sind eben kriminalistisch völlig ahnungslos. Wenn ich da an Chicago denke, sehe ich unsere Lage direkt trostlos»? Erklären Sie Ihre Antwort!

5. Warum redet Lutz von Schwendi mit « Sie » an, während von Schwendi ihn duzt?

CHAPTER 9

1. Welche Gründe gibt von Schwendi an, um Lutz zu überzeugen, daß er Gastmann in Ruhe lassen sollte?
2. Glauben Sie, daß Lutz davon überzeugt ist?
3. Warum finden die Zusammenkünfte in Lamboing statt?
4. Welchen besonderen Grund gibt von Schwendi, um zu beweisen, daß man Gastmann nicht verdächtigen sollte?
5. Was halten Sie von von Schwendis politischer Moralität?
6. Beschreiben Sie den Vorschlag von Lutz, wie er Gastmann verschonen, aber trotzdem untersuchen will!

CHAPTER 10

1. Was will Lutz Bärlach nicht sagen? Warum nicht?
2. Nachdem Sie die zwei Gesänge in diesem Kapitel etwas studiert haben, können Sie etwas über den Unterschied zwischen dem schweizerischen Dialekt und Hochdeutsch feststellen?
3. Warum steht auf dem Kranz: « Unserem lieben Doktor Prantl » ?
4. Sind Sie der Ansicht, daß Gastmann jetzt zu verdächtigen ist?
5. Hat dieses Kapitel einen besonderen Zweck? Erörtern Sie diese Frage!

CHAPTER 11

1. Wen findet Bärlach hinter seinem Schreibtisch?
2. Was tut der « Gast », als Bärlach hereinkommt?
3. Glaubt er, daß Schmied und Bärlach in Schmieds inoffiziellen Unternehmungen in Lamboing zusammenarbeiteten?
4. Was ist Ihre Meinung über Bärlachs Beziehungen zu Schmied?
5. Warum muß Bärlach sich beeilen?

6. Wo haben Bärlach und sein «Gast» sich erst kennengelernt?
7. Was für eine Wette machten sie damals?
8. Was für ein Verbrechen wurde begangen?
9. Was geschah infolgedessen?
10. Was nimmt der «Gast» mit, als er das Haus verläßt?

CHAPTER 12

1. Über was wird Bärlach von Lutz informiert?
2. Lutz sagt zu Bärlach, daß Gastmann, «das volle Vertrauen Schweizerischer Unternehmer» genießt. Bärlach antwortet: «Dann wird er schon richtig sein.» Was halten Sie von dieser Antwort?
3. Geben Sie ein oder zwei Beispiele, die Dürrenmatts Ironie illustrieren!
4. Wen will Tschanz besuchen, um die Untersuchung weiterzuführen?
5. Wie findet Tschanz heraus, daß Bärlich ihm etwas vorenthält?
6. Wie fahren die zwei Männer zu dem Schriftsteller?

CHAPTER 13

1. Wie fühlen sich die zwei Männer bei dem Schriftsteller?
2. Wie fühlt sich der Schriftsteller in der Gegenwart der Polizei?
3. Warum wird er von den Polizisten befragt?
4. Was halten Sie von dem Schriftsteller?
5. Was glauben Sie, daß Dürrenmatt im Sinn hat, in seiner ausführlichen Beschreibung des Schriftstellers?
6. Was ist der Unterschied zwischen Bärlach und Tschanz in ihrer Behandlung des Schriftstellers?
7. Was meint der Schriftsteller, als er sagt, daß Gastmann ein «Schlagwort in Wirklichkeit» sei?
8. Vergleichen Sie das Bildnis des Schriftstellers mit Bärlachs Meinung über Gastmann!

CHAPTER 14

1. Wohin will Bärlach jetzt gehen?
2. Was für einen Grund gibt Bärlach an, warum er nicht zu Gastmann gehen will?
3. Tschanz behauptet, der Schriftsteller hält Gastmann für den Mörder. Ist diese Behauptung wahr?
4. Was wird Bärlach während der nächsten Woche machen?
5. Wie reagiert Tschanz darauf?

CHAPTER 15

1. Was hat der Arzt nicht bei der Polizei gemeldet? Warum nicht?
2. Wer hat es getan? Woher wissen Sie das?
3. Was erfordert der Zustand von Bärlach?
4. Was weiß Bärlach, obwohl er es nicht wissen sollte?
5. Glauben Sie, daß Bärlachs Krankheit von besonderer Bedeutung in der Geschichte ist?
6. Wie wichtig in der Geschichte ist seine Krankheit soweit gewesen?

CHAPTER 16

1. Wo hat Bärlach geschlafen?
2. Was hört er, als er aufwacht?
3. Hat er Angst? Erklären Sie Ihre Antwort!
4. Wieviel sieht er von dem Einbrecher?
5. Welche Waffe benutzt der Einbrecher?
6. Wie gelingt es Bärlach, sich zu retten?

CHAPTER 17

1. Wie lange wartet Bärlach, bevor er telephoniert?
2. Wie gelangt Bärlach zum Bahnhof?
3. Was will Gastmann mit Bärlach?

4. Wie versucht er, Bärlach zu überzeugen?
5. Was ist Bärlachs Antwort?
6. Wie reagiert Gastmann darauf?

CHAPTER 18

1. Was wird Anna von Tschanz versprochen?
2. Wie kommt er zu Gastmanns Haus?
3. Was sind Gastmann und seine Diener im Begriff zu tun, als Tschanz hereinkommt?
4. Was meint Gastmann, als er sagt: «Sie sind es also»?
5. Was geschieht dann?

CHAPTER 19

1. Beschreiben Sie, wie Lutz und von Schwendi sich fühlen!
2. Wie erklärt Lutz diese unvorhergesehene Entwicklung?
3. Was sagt er über Bärlachs und seine eigenen Untersuchungsmethoden?
4. Wie fühlt sich Bärlach jetzt?
5. Was ist die Bedeutung des letzen Teils des Kapitels, in dem Bärlach das Gesicht Gastmanns beschaut?

CHAPTER 20

1. Wie reagiert Tschanz, als das Dienstmädchen ihm die Tür öffnet?
2. Hat er vom Essen gewußt, bevor er ankam?
3. Beschreiben Sie Bärlachs Vorbereitungen für die Mahlzeit!
4. Warum ist Tschanz überrascht, daß Bärlach solch eine Mahlzeit einnimmt?
5. Wie hat Bärlach entdeckt, wer der Mörder ist?
6. Beschreiben Sie ausführlich an Hand von der Landkarte, wie der Mord ausgeführt wurde!

CHAPTER 21

1. Glauben Sie, daß die Lösung in der Geschichte «poetische Gerechtigkeit» bedeutet? Begründen Sie Ihre Antwort!
2. In Hinsicht auf Bärlachs Handlungsweise, denken Sie, daß Bärlach an «poetische Gerechtigkeit» glaubt?
3. Können Sie Dürrenmatts Lebensanschauung (wie man sie in diesem Kriminalroman findet) in einem einzigen Satz ausdrücken?

Exercises

CHAPTER 1

I. Memorize the following dialogue.

Frau Schönler: Wo ist Herr Schmied denn?
Bärlach: Im Ausland.
Frau Schönler: Herr Schmied ist sicher in den Tropen, nicht wahr, Herr Bärlach?
Bärlach: Nein, er ist nicht in den Tropen, er ist mehr in der Höhe.
Frau Schönler: Werde ich von Herrn Schmied eine Postkarte aus dem Ausland erhalten?
Bärlach: Wohl kaum, denn von solchen dienstlichen Reisen schickt man gewöhnlich keine Postkarten.

II. Combine the introductory clauses (1 and 2) with the German equivalent of each completion (a, b, c, and d); that is, first combine 1 with a, b, c, and d, then 2 with a, b, c, and d.

1. Es ist verboten   a. to send a postcard.

2. Ich bitte Sie   b. to go into his room.
   c. to smoke a cigarette.
   d. to open the door.

III. Note the structure of the following questions. Form other questions concerning the text using the same question structure.
1. Wo ist Herr Schmied denn? (Wo . . . denn?)
2. Herr Schmied ist sicher in den Tropen, nicht wahr? (. . . nicht wahr?)
3. Werde ich von ihm eine Postkarte erhalten? (Werde ich, wird er, usw . . . ?)

CHAPTER 2

I. Memorize the following dialogue.

Bärlach: Wo war der Wagen, Clenin?
Clenin: Hier fast in der Straßenmitte.
Bärlach: Hat man denn nichts gehört da unten, Clenin?
Clenin: Man hat nichts gehört als den Motor die Nacht durch laufen, aber man hat nichts Schlimmes dabei gedacht.
Bärlach: Natürlich, wie sollte man auch?

II. In the following passage change all the indirect discourse to direct discourse.

Er sei, sagte er, seit längerer Zeit nicht mehr so ganz gesund, der Arzt wenigstens mache ein langes Gesicht. Er leide oft an Magenbeschwerden, und er bitte deshalb Doktor Lutz, ihm einen Stellvertreter in der Mordsache Schmied beizugeben, der das Hauptsächliche ausführen könnte. Bärlach wolle dann den Fall mehr vom Schreibtisch aus behandeln.

III. Combine each of the introductory clauses with the German equivalent of each of the completions.

1. Es freut mich a. to meet a man who thinks for himself.
2. Möchten Sie b. to meet a lady who is very talented (begabt).
3. Wünschen Sie c. to meet a Swiss police inspector.
4. Wollen Sie d. to meet the man who murdered Schmied.

126

IV. Give the following reflexives in all persons.

Sie beruhigen sich   Er verwunderte sich

CHAPTER 3

I. In the following dialogue only some of the lines are given
in German. Memorize those which are given. For the others
make your own according to the content given within
brackets.

Tschanz: Wir wissen nur, wie Schmied ermordet wurde.
Bärlach: Wie wollen Sie das nun wieder wissen?
Tschanz: [Schmied's car had a lefthand drive and the bul-
             let was found on the left shoulder. The motor
             was heard running through the night. Schmied
             saw the murderer, whom he knew, as he was
             driving from Lamboing to Twann, and he
             stopped to pick him up. Then suddenly he was
             shot.]
Bärlach: Sie haben recht, Tschanz.
Tschanz: [It is probably important that Schmied was
             wearing evening dress.]
Bärlach: Das wußte ich ja gar nicht. Was wollte Schmied
             mit einem Gesellschaftsanzug in der Twann-
             bachschlucht?
Tschanz: [That makes the case all the simpler. How
             many people in that area are accustomed to
             giving parties where formal dress is required?]

II. Was für ein = "what kind of a . . ." Treat these three
words as a one-word expression, inflecting the ein according
to its function in the sentence. Was Sie doch für ein
Mensch sind = What [kind of] a person you are! Render
the following sentences in German.

1. What kind of a person are you?
2. What kind of a person is he?
3. What [kind of] a person he is!
4. Do you know what kind of a person he is?

127

5. What kind of a person did you see?
6. What kind of a person did you help? (*helfen*, dative)
7. What kind of an impression do you have of him?
8. What [kind of] an impression I have of him!

CHAPTER 4

I. Memorize the following dialogue.

Tschanz: Ich habe keine Klingel an der Haustüre gefunden.
Bärlach: Ich habe keine Klingel. Die Haustüre ist nie geschlossen.
Tschanz: Auch wenn Sie fort sind?
Bärlach: Auch wenn ich fort bin. Ich habe geschlafen. Seit Tagen das erste Mal.
Tschanz: Ist es denn so schlimm?
Bärlach: Ja, es ist so schlimm.
Tschanz: Sie sollten zu Hause bleiben, Herr Bärlach.
Bärlach: Unsinn. Es gilt, einen Mörder zu finden.

II. Complete the introductory clause with each of the alternate completions in German (*denn, weil*).

Tschanz öffnete die Tür   a. because Bärlach was sleeping.
                                  b. because he found no doorbell.
                                  c. for no one came.
                                  d. for it was not locked.
                                  e. for he got no answer.

III. Ask questions which would elicit the following answers (*wo, wer*).

1. Tschanz schritt auf die Türe zu.
2. Bärlach lag auf dem Diwan.
3. Seit Tagen hat der Alte nicht geschlafen.
4. Bei der Nydeckbrücke kam der Polizeiwagen ins Gleiten.
5. In der Dunkelheit konnte Tschanz keine Klingel finden.

IV. Use the italicized expressions in sentences of your own.

1. *Auch wenn* ich fort bin, ist sie nie geschlossen.
2. *Es gilt,* einen Mörder zu finden.
3. *Seit Tagen* habe ich nicht geschlafen.
4. Das konnte *sich* unsereiner nicht *leisten.*
5. Was Sie treiben, *hat keinen Sinn.*

CHAPTER 5

I. Memorize the following questions and one answer for each.

1. Warum hatte Tschanz Respekt vor dem Mörder?
   a. Der Mörder war wahrscheinlich ein schlauer Mann.
   b. Man konnte wenige Indizien finden.
   c. Es ist gefährlich, einen Polizeileutnant zu töten.
2. Warum setzte Tschanz den Motor in Gang?
   a. Eine Limousine fuhr an ihnen vorbei.
   b. Tschanz wollte der Limousine folgen.
   c. Tschanz mußte sehen, wohin die Limousine fuhr.
3. Wohin fuhren die Polizisten?
   a. Sie fuhren nach Norden.
   b. Sie fuhren zu einem Hause, dessen Eingang erleuchtet war.
   c. Sie fuhren zu einem Hause, wo die Wagen hielten.
4. Warum ließ Tschanz die Taschenlampe aufleuchten?
   a. Er ließ sie aufleuchten, um zu sehen, wo sie waren.
   b. Er ließ sie aufleuchten, um den Namen des Besitzers zu erfahren.
   c. Er ließ sie aufleuchten, weil es so dunkel war.
5. Wie verdiente Tschanz eine Zigarre?
   a. Er schoß ins Blaue und traf ins Schwarze.
   b. Sie fanden das Haus, das sie gesucht hatten.
   c. Tschanzens Vermutung war richtig.

II. Combine each introductory clause with the German equivalent of each completion (—, *zu, um zu*).

1. Tschanz wollte   a. to find the house.
2. Er setzte den Motor in Gang   b. to follow the car.

3. Die Polizisten versuchten   c. to catch the criminal.
4. Die Männer warteten   d. to see where the car
5. Bärlach wünschte   went.

III. Change the verbs in the following sentences to the perfect tense.

1. Tschanz *zündete* ein Streichholz *an.*
2. Bärlach *stieg aus* und *atmete* die kalte Nachtluft.
3. Da *leuchtete* der Wald von Twann her *auf.*
4. Vor ihnen *zeichneten sich* die dunklen Linien des Spitz-bergs und des Chasserals *ab.*
5. Er *drehte* die Scheibe *nieder.*

IV. Use the following expressions in sentences of your own.

ins Gleiten kommen
in Brand stecken
(den Motor) in Gang setzen

CHAPTER 6

I. In the following change all indirect discourse to direct discourse.

Also Kommunist, stellte er fest, Sternenhagel, er lasse sich's als Oberst nicht bieten, daß man herumschieße, wenn Musik gemacht werde.

Bärlach: „Tschanz, was der Herr Nationalrat sagt, kommt nicht ins Protokoll."

Der Oberst: „In was für ein Protokoll, Mano?"

Als Kommissär von der Berner Kriminalpoli-zei, erläuterte Bärlach, müsse er eine Unter-suchung über den Mord an Polizeileutnant Schmied durchführen. Es sei eigentlich seine Pflicht, alles, was die verschiedenen Personen auf bestimmte Fragen geantwortet hätten, zu Protokoll zu geben.

Der Oberst: „Ihr seid von der Polizei, das ist etwas an-deres."

Man solle ihn entschuldigen, fuhr er fort, heute Mittag habe er in der türkischen Bot-

schaft gespeist, am Nachmittag sei er zum
Vorsitzenden der Oberst-Vereinigung „Heißt
ein Haus zum Schweizerdegen" gewählt worden, anschließend habe er einen „Ehren-
Abendschoppen" am Stammtisch der Helveter
zu sich nehmen müssen, zudem sei vormittags
eine Sondersitzung der Partei-Fraktion, der er
angehöre, und jetzt dieses Fest bei Gastmann
mit einem immerhin weltbekannten Pianisten.
Er sei todmüde.
Ob es nicht möglich sei, Herrn Gastmann zu
sprechen, fragte Bärlach noch einmal.

II. Combine the completion with the introductory clause, making any necessary changes in word order and verb forms
and converting the direct discourse to indirect discourse.

1. Der Oberst sagte, daß a. „Ich bin todmüde."
                           b. „Die schweizerische Armee
                             wird sonst Ordnung schaf-
                             fen!"
                           c. „Gastmann ist jetzt nicht zu
                             sprechen."
2. Bärlach fragte, ob   a. „Sind Sie Herr Gastmann?"
                           b. „Ist es nicht möglich, Herrn
                             Gastmann zu sprechen?"
3. Bärlach sagte Tschanz, a. „Fahren Sie zum Polizisten
   daß   von Lamboing!"
                           b. „Erwarten Sie mich dort!"

III. Note the following expressions. Then give the English
sentences in German.

ins Protokoll kommen   zu Protokoll geben
nicht zu sprechen   setzte sich zu ihnen
kann man nichts machen auf einmal

1. He was both lawyer and soldier at the same time. 2. Gastmann was not available for an interview. 3. That, of course,
should not go into the report. 4. He joined them at the
table. 5. He said that he must put it in the report. 6. You
can't do anything with a colonel.

I. Rewrite the following passages by making several sentences of each complex sentence.

(a.) Tschanz stoppte unwillkürlich und öffnete die rechte Wagentüre, obgleich er dies im nächsten Augenblick bereute, denn es durchfuhr ihn die Erkenntnis, daß, was ihm jetzt begegnete, auch Schmied begegnet war, bevor er wenige Atemzüge darauf erschossen wurde.

(b.) Da erkannte er, daß es Bärlach war, doch wich seine Spannung nicht, sondern er wurde weiß vor heimlichen Entsetzen, ohne sich über den Grund der Furcht Rechenschaft geben zu können. Bärlach beugte sich nieder, und sie sahen sich ins Antlitz, stundenlang scheinbar, doch handelte es sich nur um einige Sekunden.

(c.) Auf die Nachricht, daß sowohl Charnel wie auch Clenin einen Besuch des ermordeten Schmied bei Gastmann für unmöglich hielten, sagte er nichts; und hinsichtlich des von Clenin erwähnten Schriftstellers in Schernelz meinte er, er werde diesen noch selber sprechen.

II. Put in the correct relative pronouns.

1. Er fuhr an der Brücke vorbei, bei _____ sie gewartet hatten.

2. Da hatte er ein sonderbares und unheimliches Erlebnis, _____ ihn nachdenklich stimmte.

3. Dann setzte sich Bärlach zu ihm, _____ Hand die Waffe griff.

4. Er fuhr mit der Hand in die Manteltasche und entnahm ihr eine Waffe, _____ er behutsam auf den Schreibtisch legte.

5. Er umklammerte die Waffe, _____ Kälte ihn beruhigte.

III. Combine the introductory clause with the German equivalent of the completions (*weil, wegen*).

Tschanz war nervös   a. because it was dark and lonely.
                     b. because of the darkness.
                     c. because of the man he saw.
                     d. because he saw a man.

IV. Give the German equivalent of the dependent clause (*wenn, wann, als, ob*).

1. (If Bärlach had a revolver), Tschanz wußte es nicht.
2. (When he arrived), wartete Bärlach schon.
3. Der Polizist wußte nicht, (when he should meet the inspector).
4. (When he came to the cliffs), war er immer nervös.
5. Er fragte ihn, (if he had a revolver).
6. (Did he have a revolver), wollte Tschanz wissen.

CHAPTER 8

I. Memorize the following dialogue.

Der Oberst: Lieber Lutz, machen wir uns keine Flausen vor.

Lutz: Wie meinen Sie das, Herr Nationalrat?

Der Oberst: Dökterli, ich möchte wissen, warum ihr meinem braven Gastmann den Schmied auf den Hals gehetzt habt.

II. Complete the introductory clause.

Ich möchte wissen
- a. why Schmied used the name Doctor Prantl.
- b. when Gastmann can be interviewed.
- c. whether the police have any notion about Schmied's investigation. (*eine, keine Ahnung haben*)
- d. how you mean that.
- e. why Schmied's murder should not concern the police.

III. Make questions using the following groups of words.

1. Der Nationalrat, Partei, an-gehören.
2. Die Schweiz, Erziehung, Rekrutenschule.
3. Hund, Tod, bedauern.
4. Polizei, Ahnung, Mörder.
5. Der Oberst, gewöhnt, duzen.
6. Polizisten, Weltmann, zu suchen.

IV. *Warum er einen falschen Namen angenommen hatte, war ihm ein Rätsel* = "Why he had assumed a false name was a riddle to him." Give the German equivalents of the following variations.

1. Why he had assumed a false name was no riddle to the colonel.
2. Whether he assumed a false name was unknown to the police.
3. Why he is assuming a false name is a riddle.
4. Why he has assumed a false name, we do not know.
5. Whether he will assume a false name does not concern us.

CHAPTER 9

I. Memorize the following questions and one answer for each.

1. Um seinem Klienten zu helfen, was tut von Schwendi?
   a. Er bittet Lutz, seinen Klienten in Ruhe zu lassen.
   b. Er bringt eine Liste von den Gästen mit.
2. Warum müssen die Verhandlungen geheim bleiben?
   a. Es gibt Verhandlungen, in die sich der Staat nicht einzumischen hat.
   b. Die Industriellen haben ein Recht, privat zu verhandeln.
   c. Es handelt sich um Angehörige einer fremden Gesandtschaft.
3. Warum soll Gastmann sein Haus zur Verfügung stellen?
   a. Gastmann besitzt das nötige menschliche Format dazu.
   b. Er genießt das Vertrauen der fremden Macht.
   c. Die Industriellen brauchen einen unbekannten Ort für die Zusammenkünfte.
4. Warum schätzt Gastmann es nicht, mit der Polizei in Berührung zu kommen?
   a. Man muß die Verhandlungen geheimhalten.
   b. Er hat nichts mit dem Mord zu tun gehabt.

5. Wie wird Lutz zukünftig die Untersuchung durchführen?
   a. Zuerst wird er den Bundesanwalt benachrichtigen.
   b. Er wird, soweit es möglich ist, Gastmann verschonen.
   c. Er wird selbst mit Gastmann sprechen.

II. Use the following expressions in sentences.

auf dem Spiel stehen   zur Verfügung stellen
eine Rolle spielen   in Ruhe lassen
beim Wort nehmen   nötig haben

III. *Künstler interessieren sich nur für Kunst* = "Artists are interested only in art." Bearing this pattern in mind, give the German for the following sentences.

   1. Industrialists are interested only in industry.
   2. Policemen are interested only in facts.
   3. Inspectors remember only the facts. (*sich erinnern.*)
   4. Children look forward to vacations. (*sich freuen auf* + acc.)
   5. The state does not always interfere in business negotiations. (*sich einmischen in* + acc.)
   6. Students are interested only in learning.
   7. Bärlach does not fear Gastmann. (*sich fürchten vor* + dat.)

CHAPTER 10

I. Memorize the following dialogue.

Lutz:	Haben Sie Schmerzen?
Bärlach:	Immer.
Lutz:	Die Zeitungen werden die Ermordung bringen, sie ließ sich nicht mehr verheimlichen.
Bärlach:	Das hat auch keinen Sinn mehr. Wir sind ja auf eine Spur gekommen.
Lutz:	Es hat auch nie einen Sinn gehabt.

II. Read the German sentences carefully. Then give the German equivalent of the English sentences.

1. Sie ließ sich nicht mehr verheimlichen.
2. Das hat keinen Sinn mehr
3. Er ist mehr in der Höhe.
4. Tschanz ist mehr rasch als klug.
5. Ich habe keine Zigaretten mehr.
6. Sagen Sie das noch einmal!
7. Ich werde noch ein Wort sagen.
8. Möchten Sie noch etwas?
9. Bärlach trat ein, natürlich ohne anzuklopfen.
10. Er hatte vor, die rechtlichen Mittel zu verlangen.
11. Jetzt war es Zeit, zur Beerdigung zu gehen.
12. Sie standen auf der Straße, ohne zu reden.
13. Die Stadtmusik fing wieder zu blasen an, um die Feierlichkeit zu retten.
14. Er hat eine Untersuchung durchzuführen.

1. Tell him once more.
2. They have no more newspapers.
3. The investigation no longer makes sense.
4. It can't be kept secret any longer.
5. He is rather on high, so to speak.
6. I want to say one more thing.
7. Would you like something more?
8. Pronounce the sentence once more.
9. To rescue the inspector, Tschanz shot the dog.
10. He had the intention of saving his superior.
11. The car drove on without stopping.
12. Bärlach has a criminal to catch.
13. Without looking, he said hello.
14. He wished to be excused.

CHAPTER 11

I. Memorize the following dialogue.

Bärlach: Also du.
Gastmann: Ja, ich.
Bärlach: Du nennst dich jetzt Gastmann.

| *Gastmann:* | Das weißt du schon seit einiger Zeit ganz genau. Du hast mir den Jungen auf den Hals geschickt, diese Angaben stammen von dir. |
| *Bärlach:* | Ich höre nie auf, dich zu verfolgen. Einmal wird es mir gelingen, deine Verbrechen zu beweisen. |

II. Combine the sentences in the following passage through the use of some of the suggested conjunctions and subordinate constructions.

(*Als*) Blatter hielt. (*und*) Bärlach dankte ihm. (*nachdem*) Er verließ den Dienstwagen. (*Obgleich*) Es regnete nicht mehr. Es war naß und kalt. Der Alte stand da. (*während*) Blatter wendete den schweren Wagen. Er grüßte noch einmal. (*wie*) Blatter fuhr davon. Dann trat er an die Aare. (*die*) Sie kam hoch und schmutzig-braun.

III. Relate in German Bärlach's early experience with Gastmann.

IV. Explain the different meanings of the following sentences.

1. Daß ich so etwas Ähnliches wie ein Verbrecher bin, kann ich nun nicht gerade ableugnen.
2. Daß ich so ein Verbrecher bin, kann ich nicht ableugnen.
3. Wäre ich wirklich so ein Verbrecher, könnte ich das nicht ableugnen.
4. Daß ich so etwas Ähnliches war, kann ich nicht gerade ableugnen.
5. Daß Sie wirklich ein solcher Verbrecher waren, können Sie nun nicht ableugnen.

CHAPTER 12

I. Memorize the lines which are given in German. Supply the others as indicated.

Tschanz:	Fahren wir zu Gastmann, es ist höchste Zeit.
Bärlach:	Zum Schriftsteller.
Tschanz:	Umwege, alles Umwege.
Bärlach:	[Why, that's Schmied's blue Mercedes there.]
Tschanz:	[I've bought it. I'm financing it. It had to be owned by someone.]

Bärlach:	Du fährst ja wieder über Ins.
Tschanz:	[I like driving over that piece of road.]
Bärlach:	[Really?]
Tschanz:	Frau Schönler sagte mir, Sie hätten aus Schmieds Zimmer eine Mappe mitgenommen.
Bärlach:	[Nothing official was in it. It contained only personal things of Schmied's.]

II. In the following sentences some words are italicized. Substitute other words for them, changing the structure of the sentences if necessary. You may substitute several words for a single word or a single word for several.

1. Lutz, dem er bald darauf im Bureau gegenübersaß, *bemerkte* nichts.
2. Er hatte sich entschlossen, Bärlach über die *Unterredung* mit von Schwendi zu orientieren.
3. Es war weitaus das beste, den Entscheid des Bundeshauses abzuwarten und die *Nachforschungen hauptsächlich* auf das Leben Schmieds zu konzentrieren.
4. Natürlich *habe ich mich* über Gastmann *orientiert.*
5. Er ist *gebürtig* aus Pockau in Sachsen.
6. Wir stehen in einem vollkommen *falschen* Licht da.
7. Wir können von Glück reden, daß ich *mit* von Schwendi *befreundet bin.*
8. Er wartete am *Apparat.*
9. Tschanz *entgegnete* nichts.

III. Place the words which are italicized in the sentences below in different positions, making any other changes necessary.

1. Dann wird *er* schon richtig sein.
2. Seine Persönlichkeit steht *über jedem Verdacht.*
3. *Leider* können wir das nicht mehr von Schmied sagen.
4. *Wie er am Apparat wartete,* sprach der Kommissär, der sich schon zum Gehen gewandt hatte.
5. Ich habe ihn gekauft *auf Abzahlung.*
6. *In Bärlachs Zimmer* wartete Tschanz, der sich beim Eintreten des Alten erhob.

138

CHAPTER 13

I. Memorize the following dialogue.

Bärlach:	Wir kommen in der Sache Schmied, der über Twann ermordet worden ist.
Schriftsteller:	Sie wollen mein Alibi?
Bärlach:	Nein.
Schriftsteller:	Sie trauen mir den Mord nicht zu?
Bärlach:	Nein, Ihnen nicht.
Schriftsteller:	Da haben wir es wieder, die Schriftsteller werden in der Schweiz aufs traurigste unterschätzt!

II. Make questions using the following series of words. Try to form them without the use of question words (*wann, wer,* etc.) or the inverted order question pattern.

1. aufs traurigste, unterschätzen.
2. Gesellschaften, zugegen.
3. aufs Ganze gehen, Fragen.
4. pflegen, kochen.
5. Künstler, verkehren.
6. fasziniert, Kochkunst, Schriftsteller.

III. In the column at the left are introductory clauses; in the column at the right are statements. Combine the introductory clauses with the statements, changing the statements grammatically (e.g., use the subjunctive, change the word order, etc.) so they will make sense. Combine all statements with each introductory clause.

1. Bärlach sagte	a. Sie kommen in der Sache Schmied.
2. Er sagte, daß	b. Sie haben das Alibi schon.
3. Der Mann fragte	c. So einer lockt die Schriftsteller wie Fliegen an.
4. Sie möchten wissen	d. Er pflegte sich stets als letzter zu empfehlen.

IV. Repeat the content of the dialogue above, as a dialogue, in your own words.

CHAPTER 14

I. Memorize the following dialogue.

Tschanz: Wir haben nichts anderes als die Wahrheit zu suchen, die Wahrheit und nur die Wahrheit, wer Schmieds Mörder ist!

Bärlach: Du hast recht.

Tschanz: Deshalb können wir Gastmann nicht überspringen.

Bärlach: Gastmann ist nicht der Mörder.

Tschanz: Auch der Schriftsteller hält Gastmann für den Mörder.

Bärlach: Auch du hältst ihn dafür?

Tschanz: Auch ich, Kommissär.

Bärlach: Dann du allein. Der Schriftsteller hält ihn nur zu jedem Verbrechen fähig, das ist ein Unterschied.

II. Turn the italicized parts of the following sentences into relative clauses.

1. Unbeirrbar schaute der Alte in dieses *sich unaufhörlich ändernde* Wetter des Vorwinters.

2. „Das gebe ich zu", sagte Tschanz, *unbeweglich in das verzweifelte Gesicht des Jungen starrend.*

3. „Gut", sagte Tschanz, *ließ plötzlich von Bärlach ab und ergriff wieder das Steuer,* wenn auch totenbleich und zitternd.

4. Tschanz antwortete *und seine Stimme klang wieder wie sonst.*

5. Drunten auf dem Platz fuhr ein blauer Mercedes vor, *hielt zwischen anderen Wagen.*

III. Give the sentences entirely in German.

1. Er war feierlich gekleidet, denn [Schmied's funeral was at 10 o'clock].

2. Die Künstler wollen es nicht bemerken, weil [it did not interest them].

3. Die Tatsache, daß [Schmied was at Gastmann's], zwingt die Polizei, sich mit Gastmann zu befassen.
4. Schmied war bei ihm, wenn . . . auch [he went under a false name].
5. Man erschießt nun einmal keinen Hund, wenn [Bach is being played].
6. Tschanz ließ die Taschenlampe, die [he had taken with him from the car] aufleuchten.
7. Sie haben gesehen, [he knows nothing about the Schmied case].
8. Wahrscheinlich kannte er den Mörder, weil [otherwise he would not have stopped].
9. Wußte Tschanz wirklich, wer [had killed Schmied]?
10. Der Schriftsteller sagte nicht, daß [Gastmann was the murderer].

CHAPTER 15

I. Memorize the following dialogue.

Bärlach:	Ist bei dir einmal eingebrochen worden, Fritz?
Hungertobel:	Wie kommst du darauf?
Bärlach:	Nur so.
Hungertobel:	Einmal war mein Schreibtisch durcheinander und deine Krankheitsgeschichte lag oben auf dem Schreibtisch.
Bärlach:	Und warum hast du das nicht gemeldet?
Hungertobel:	Geld fehlte keins, und ich wollte es eigentlich trotzdem melden. Aber dann habe ich es vergessen.

II. *Tschanz wollte sofort zu Gastmann* = "Tschanz wanted to go immediately to Gastmann." Following this pattern, express each of the sentences below in German, that is, using modal auxiliaries only as verbs.

1. Bärlach should enter the hospital.
2. Just now he is not able to go to the hospital.

3. He wants to enter the hospital later.
4. No one is permitted to do that.
5. Does he have to go away now?

III. *Ist bei dir einmal eingebrochen worden?* Give the German equivalents of the following sentences.

1. Had your home been broken into?
2. Did someone break into your home?
3. Had someone broken into your home?
4. Do you think someone will break into your home?
5. Is your home being broken into?
6. Is someone breaking into your home?
7. Do you think that someone will break into your home?
8. Do you think that someone broke into your home?
9. If someone breaks into your home, call me immediately.
10. If you think that someone will break into your home, call me immediately.

CHAPTER 16

I. Memorize the following questions and answers.

1. Wo lag der Alte?
   Er lag nicht im Schlafzimmer, wie es sonst seine Gewohnheit war, sondern in der Bibliothek.
2. Was hörte Bärlach?
   Die Türe schloß sich mit einem heftigen Schlag. Unmittelbar nachher hörte er vom Korridor ein leises Schnappen.
3. Wieviel sah er von dem Einbrecher?
   Er sah nur die Hand, die in einem braunen Lederhandschuh steckte.
4. Warum leuchtete eine blaue Flamme auf?
   Der Unbekannte hatte die Lampe herausgerissen und einen Kurzschluß herbeigeführt.
5. Was tat Bärlach, um sich zu verteidigen?
   Er ergriff den Revolver und entsicherte ihn. Später schoß er, dreimal im ganzen, durch das Fenster.

II. Place the italicized clause before the word modified, making any necessary grammatical changes.

1. Er sah die Silhouette eines Arms und einer Hand, *die in die Lampe griff.*
2. Er sah die Hand, *die in einem Lederhandschuh steckte.*
3. Die Nacht, *die unter ihrem schwarzen Mantel die tödliche Schlange barg,* war zwischen ihnen.
4. Er erriet, daß sich die Türe, *die vom Schlafzimmer ins Eßzimmer führte,* geöffnet hatte.
5. Es war das Messer, *das nun federnd in der Wand steckte.*
6. Es waren die Leute des Nebenhauses, *die sich nun aus ihren geöffneten Fenstern bückten.*

III. Read the sentences in the various ways indicated.

1. Er war früh (to bed, to the office, home, to eat) gegangen.
2. Der Alte hörte (from the corridor, above, below, in the street, over there) ein leises Schnappen.
3. Er ergriff (the revolver, the small revolver, the deadly weapon, the heavy snake knife) und hielt (it).
4. Er ahnte die schwarze Masse (of the endlessly flowing river, of the deadly weapon, of the dark form of the intruder).
5. Undeutlich sah er den Schatten (of a figure, of the house next door, of the snake knife vibrating in the wall, of the tree standing in the garden).

CHAPTER 17

I. Give the following dialogue in the subjunctive of indirect discourse.

Bärlach:	Was willst du wieder von mir?
Gastmann:	Du spürst mir immer noch nach. Du warst beim Schriftsteller.
Bärlach:	Das ist mein Beruf.
Gastmann:	Es ist noch jeder umgekommen, der sich mit mir beschäftigt hat, Bärlach.

Bärlach:	Ich lebe noch. Und ich habe mich immer mit dir beschäftigt.
Gastmann:	Ich rate dir, das Spiel aufzugeben. Es wäre Zeit, deine Niederlage einzusehen.
Bärlach:	Unser Spiel können wir nicht aufgeben. Du bist in jener Nacht in der Türkei schuldig geworden, weil du die Wette geboten hast, Gastmann, und ich, weil ich sie angenommen habe.

II. Ask questions which would elicit the following answers.

1. Er trug keinen Hut, die Haare hingen ihm wirr in die Stirne, und unter dem Wintermantel kam das Pyjama vor.
2. Sie gingen zusammen ins Schlafzimmer.
3. Bärlach erhob um sechs, ohne geschlafen zu haben.
4. Gastmanns Hände steckten in braunen Lederhandschuhen.
5. Am Bahnhof hielt der Wagen.

III. Using the following words and expressions, relate the story of the meeting of Bärlach and Gastmann.

wie der Teufel fahren	Wette bieten
das Spiel aufgeben	Verbrechen begehen
Operation überstehen	das nächste Mal
zum Tode verurteilt	stecken

IV. Give the following sentences in all tenses.

1. Ich beschäftige mich immer mit dir.
2. Du irrst dich.
3. Ich rate dir, das Spiel aufzugeben.

CHAPTER 18

I. Supply synonyms for or express differently the words which are *italicized*.

1. Der Tag, der nun immer mehr *heraufzog,* war *klar* und *mächtig.*
2. Tschanz wartete, *bleich* in Licht, das von den Mauern prallte, *eine Stunde lang.*
3. Der *Strom* der Menschen war *gewaltig.*
4. Er *schritt* am Hotel Bären vorbei.
5. Alle drei waren in Mänteln, Koffer neben sich *getürmt,* alle drei waren *reisefertig.*
6. Er ging *unruhig* vor der Kathedrale auf und ab.
7. Sie sagte, daß *sie sich freue,* ihn zu sehen.

II. Turn the statements into questions. In turn, use all of the following patterns for each statement: a. declarative statement with question intonation; b. statement with question intonation and *nicht wahr* appended; c. question word (*wer, womit, wieso,* etc.); d. inversion of subject and verb; e. inversion of subject and verb plus *nicht.*

1. Es war gegen Mittag, als er ankam.
2. Er hielt in Ligerz vor der Station.
3. Später tauchte er in den Wald ein, die Reben verlassend.
4. Tschanz schritt am Hotel Bären vorbei und wandte sich gegen Lamboing.
5. Im Hof stand ein amerikanischer Wagen.
6. Alle drei waren in Mänteln mit Koffern neben sich.
7. Einer der zwei Schlächter nahm einen Revolver aus der Tasche und schoß.

III. Place the italicized parts in another part of the sentence and make other necessary changes.

1. Sie gingen die Keßlergasse hinauf, *mitten im Schwarm der Kirchgänger.*
2. *Als er ankam,* war es gegen Mittag.

3. Er stieg unaufhaltsam und gleichmäßig hinauf, *ohne sich umzukehren.*
4. Ein Hund bellte *irgendwo,* dann kam er heran.
5. Alle drei waren in Mänteln, *Koffer neben sich getürmt,* alle drei waren reisefertig.

IV. Use the following expressions in sentences.

gegen Mittag	stehen bleiben
ganz und gar	durchs Physikum (Mathematik, usw.) gefallen
in Bewegung setzen	etwas auf dem Kerbholz haben

CHAPTER 19

I. Express the answers to the following questions in German.

1. Warum war von Schwendi konsterniert?
   He found his client killed.
   He found his client had been killed.
   He found his client dead.
2. Was hat Lutz bei Gastmann gefunden?
   He found a portfolio which had belonged to Schmied.
   He found a portfolio which contained evidence against Gastmann.
   He found a portfolio containing evidence against Gastmann.
3. Was tat Bärlach, als er ankam?
   He entered the death room, where he greeted Lutz.
   He entered the death room and greeted Lutz.
   He entered the death room. Then he greeted Lutz.
4. Warum hatte sich Lutz und Bärlach gestritten?
   They had different methods in an investigation.
   In their investigations they had different methods.
   There was a difference in their methods of investigation.
5. Lutz nach, warum hatte Tschanz Gastmann erschossen?
   He had shot him in order to defend himself.
   It was self defense.
   Gastmann was shot by Tschanz in self defense.

146

II. Negate the following sentences by inserting *kein* or *nicht*.

1. Die Mappe enthielt Angaben über Gastmanns Leben.
2. Bärlach betrat die Totenkammer.
3. Wir haben uns viel gestritten.
4. Die Beute hat sich gelohnt.
5. Es gab ihm Ruhe.
6. Bei dem Diener fand man einen Revolver.
7. Die Wunden erwiesen sich als gefährlich.

III. Use *werden* plus the participle to make passives in the following sentences.

1. Man fand Tschanz blutend bei den drei Leichen.
2. Bei dem Diener fand man einen Revolver.
3. Dann brachte man Tschanz mitten durch die Bauern in den Wagen.
4. Wir haben bei Gastmann eine Mappe gefunden.
5. Es ist bewiesen, daß Gastmann auch Schmied ermorden ließ.
6. Ich werde Tschanz befördern müssen.

CHAPTER 20

I. Read the conversation on pages 113 and 114 of the text carefully. Then memorize the lines below. Finally, prepare to present the dialogue, supplying the lines which are omitted.

Bärlach: Du hast mir Schmied getötet, und nun mußte ich dich nehmen.
Tschanz: Um Gastmann zu töten.
Bärlach:
Tschanz: Es war für mich eine Hölle.
Bärlach:
Tschanz: Sie wußten, daß ich es war, der Sie überfiel?
Bärlach:
Tschanz: Einer von Gastmanns Dienern fing an zu schießen.

147

Bärlach:	Ich habe Gastmann am Sonntagmorgen gesagt, daß ich einen schicken würde, ihn zu töten.
Tschanz:	Dann waren Sie der Richter, und ich der Henker.
Bärlach:	Es ist so.

II. Supply introductory clauses for the following completions.

1. daß sie in meinem Besitze war.
2. warum du mich in der Nacht überfallen hast.
3. er solle jetzt irgendwohin gehen.
4. auf irgendeine Weise Gastmann als Mörder zu entlarven.
5. auf irgendeine Weise Gastmann als Mörder entlarven.
6. ob er einen Wagen gemietet habe.
7. um Gastmann zu töten.
8. seinen Erfolg, seinen Posten, seinen Wagen und seine Freundin haben.
9. nicht anders.
10. wie ich einen schicken würde, Gastmann zu töten.
11. als ob ihn nichts mehr interessiere als dieses Essen.

III. Give the correct form of the verb in parentheses.

1. Das haben Sie mir nie beweisen (können).
2. Ich habe nicht anders (können).
3. Du hast also Gastmann in Ruhe (lassen).
4. Gastmann hat Schmied ermorden (lassen).
5. Nun habe ich dich nehmen (müssen).
6. Ob ich das (wollen) habe oder nicht, bin ich nun ein Verbrecher.
7. Er hat ihn nie mehr sehen (wollen).

CHAPTER 21

I. Create a dialogue such as might have taken place between Lutz and Bärlach in Chapter 21.

II. Make questions which would elicit the following answers.

1. Bärlach saß die ganze Nacht im Lehnstuhl.
2. In einem Punkte hatte er Tschanz belogen.

3. Lutz berichtete, Tschanz sei zwischen Ligerz und Twann unter seinem vom Zug erfaßten Wagen tot aufgefunden worden.
4. Der Alte befahl, Hungertobel zu benachrichtigen.
5. „Nur noch ein Jahr."

III. Use the italicized expressions in sentences of your own of approximately the same structure.

1. Der Alte hatte noch einmal *ein Spiel gewagt.*
2. *In einem Punkte* hatte er Tschanz belogen.
3. Nur diese Entdeckung verhinderte, dein *Spiel zu durch-schauen.*
4. Ich wußte das *vom ersten Moment an.*
5. Sie sind *doch* krank, Kommissär.
6. *Unverrichteter Dinge,* ließ der Alte den Revolver wieder sinken.
7. *Ihrer Meinung nach,* ist Bärlach todkrank?

Vocabulary

This vocabulary is based on the principle that the vocabulary appended to a language reader should be a learning aid and not simply a tool for translation. Therefore, wherever possible, basic meanings of words are given; where necessary, specific meanings according to context appear.

With some exceptions, the following have been omitted: articles, contractions (am, zur, etc.), days of the week, numbers, personal pronouns, and pronominal adjectives.

Adjectival nouns are followed by a hyphen (der **Beamt-**) and adjectives requiring an ending have the same form (**link-**). Plural nouns are given without the preceding article, only the sign (*pl.*) appearing. Usually verbal nouns and present participles do not appear, the infinitives alone being given. Other conventions will be obvious.

Abbreviations

adj.	adjective	*p.p.*	past participle
adv.	adverb	*pl.*	plural
coll.	colloquial	*prep.*	preposition
coord. conj.	coordinating conjunction	*pron.*	pronounce
dat.	dative	*reg.*	regular
dial.	dialect	*sub. conj.*	subordinating conjunction

A

ab·bilden delineate, portray

ab·bringen, a, a get away (from), divert

ab·danken resign

der Abend, —e evening

der Abendanzug, ⁻e evening suit, dress suit

Abendkleider (*pl.*) evening clothes

abenteuerlich adventurous

aber (*coord. conj.*) but, however

ab·geben, a, e give, furnish, deliver

sich ab·geben, a, e (mit) concern one's self (with), bother (with)

abgemacht agreed, "O.K."

151

abgeschlossen closed, settled

abgesondert separated

der Abgrund, ⁻e abyss

sich ab·heben, o, o be contrasted

ab·klären clear up

die Abkürzung, –en short cut

ab·lassen, ie, a (von) let go (of)

der Ablauf, ⁻e course (of events)

ab·legen put away, lay aside

ab·lehnen decline, refuse

ab·leugnen deny

ab·nehmen, a, o take away, remove; pick up (a telephone)

ab·runden round off, even up, make come out even

die Abschrift, –en copy

ab·sehen, a, e look away from; disregard

abseits apart, aside

die Absicht, –en intention

absolut' absolute(ly)

ab·sperren shut off, barricade

sich ab·spielen happen, occur

ab·stammen descend, be descended

ab·statten give, render, pay; einen Besuch ab·statten pay a visit

die Abtei'lung, –en division, department

ab·warten wait for, await

ab·weichen, i, i deviate, diverge

sich ab·wenden, reg. or a, a turn away (from)

ab·wischen wipe off

die Abzahlung, –en installment; auf Abzahlung by installment(s)

sich ab·zeichnen stand out; be visible; be in relief

ab·zweigen branch off

die Abzweigung, –en branching of the road

die Achsel, –n shoulder

die Acht attention, care; acht geben pay attention, be careful

achten (auf) pay attention (to)

die Achtung attention, care

der Acker, ⁻ field, arable land

der Advokat', –en, –en lawyer

ahnen foresee, have an intuition; suspect

ähnlich similar

das Ähnlich· something similar

die Ahnung, –en foreboding; suspicion; keine Ahnung haben have no idea

ahnungslos unsuspecting

die Ahnungslosigkeit lack of a notion; naïveté

die Akademie', –n academy

die Aktenmappe, –n portfolio

das Alibi, –s alibi

all all; vor allem above all; in allem in everything

die Allee', –n avenue

allein' alone; however

allerdings' to be sure, indeed

allerhand all kinds of; (coll.) a fine thing! wonderful!

alles everything, all; everybody

allgemein general, universal; customary

allzu far too

als (sub. conj.) when; than; as; nichts als nothing but

also so, therefore

alt old

der Alt· old man

amerika'nisch American

amtlich official, in an official capacity

das Amtlich· official business, official matter; nichts Amtliches nothing official

die Amtsstube, –n magistrate's office

an (prep.) at, near, by, on, to

an·bellen bark at

an·bieten, o, o offer

ander· other; am andern Morgen the next morning; unter anderem moreover, besides

ändern change

sich ändern change, alter, vary

anders otherwise; elsewhere; anders sein be different

aneinander on one another

der Anfall, ⁻e attack

der Anfang, ⁻e beginning

an·fangen, i, a start, begin

die Angabe, –n allegation, assertion; denunciation

an·geben, a, e declare, state, mention; pretend; den Namen an·geben give one's name

an·gehen, i, a concern

an·gehören belong to

der Angehörig· person belonging to

der Angeklagt- defendant, accused
die Angelegenheit, —en affair
angenehm pleasant, agreeable
der Angeredet- person addressed, person spoken to
angesetzt set, established; auf zehn Uhr angesetzt set for ten o'clock
angestrengt with effort, with exertion
angetan done to; angetan sein von be attracted by, be smitten with
angewärmt warmed, heated
an·glotzen stare at
die Angst, ⁔e fear; Angst haben be afraid
an·halten, ie, a stop
an·heben, o, o begin
sich an·hören listen to
an·klopfen knock
an·kommen, a, o arrive
anläßlich on the occasion of
an·legen lay on; put on (clothes)
an·nehmen, a, o receive, accept; assume
an·ordnen put in order, arrange; direct
die Anordnung, —en order, arrangement
an·packen seize
an·reden address
sich an·sammeln accumulate
an·schauen look at
an·schließen, o, o join on, connect; anschließend following
an·schnauzen (coll.) snarl at
an·sehen, a, e look at; regard, consider
an·setzen attach; establish; start
die Ansicht, —en view, opinion; seiner Ansicht nach in his opinion
die Ansiedlung, —en settlement
an·springen, a, u leap (at); start up (motor)
an·starren stare at, gaze at
anstatt' (prep.) instead of
an·stimmen start to sing
das Antlitz, —e countenance, face
die Antwort, —en answer; zur Antwort geben answer
antworten answer
sich an·vertrauen confide (in)
der Anwalt, ⁔e lawyer

an·weisen, ie, ie direct; point out
anwesend present
die Anzahl number, quantity
das Anzeichen, — mark, sign
an·zeichnen note, mark
an·ziehen, o, o put on (clothes), dress
an·zünden light, ignite
der Apparat', —e apparatus; telephone
arbeiten work
der Arbeiter, — workman
das Arbeitsgewand, ⁔er working garment
die Arbeitsweise, —n manner of working
das Arbeitszimmer, — workroom
Argenti'nien Argentina
der Argenti'nier, — Argentinian
der Ärger annoyance, anger
ärgerlich annoying, vexatious; annoyed, vexed
ärgern annoy
sich ärgern be annoyed
arm poor
der Arm, —e arm
die Armee', —n army
der Armee'revolver, — army revolver
der Ärmel, — sleeve
armselig wretched
die Art, —en kind, manner
der Arzt, ⁔e physician, medical doctor
das Arztgeheimnis, —se medical secret
der Aschenbecher, — ashtray
der Assistent', —en, —en assistant
der Ast, ⁔e branch
der Atem breath, breathing
atemraubend breath-taking
der Atemzug, ⁔e breathing, breath
atmen breathe, inhale
die Atom'bombe, —n atom bomb
auch also; even; auch wenn even though, even if
auf (prep.) on, at, to, toward; auf und ab up and down; auf und abgehen pace up and down; auf und nieder up and down
auf·atmen breathe a sigh of relief
auf·blitzen flash
auf·decken uncover; solve

153

aufeinander on, upon one another

der Aufenthalt, −e stay; sojourn; haunt

auffallend conspicuous

auf·fangen, i, a catch, snap up; brake

auf·finden, a, u discover

auf·flammen flare up, blaze up, light up

die Aufgabe, −n task, duty

auf·geben, a, e give up

auf·gehen, i, a rise

aufgeregt excited; irritated

aufgerissen torn open; weit aufgerissen (Augen) wide open

aufgeschlagen opened

aufgeschwemmt bloated

aufgetürmt towering

sich auf·halten, ie, a stop, stay

auf·heben, o, o raise; pick up

auf·heulen howl

auf·hören stop, leave off

auf·klären explain

auf·leben revive, be revived

sich auf·lehnen resist

auf·leuchten light up

aufmerksam attentive

die Aufmerksamkeit attention

auf·nehmen, a, o take up, take in; receive

aufrecht·setzen set erect, set upright

sich auf·regen be stirred, be roused, get excited

die Aufregung, −en excitement, upset

auf·reißen, i, i throw open (a window, door)

sich auf·richten raise one's self (up)

auf·saugen, o, o absorb

auf·schauen look up

auf·schichten pile up

der Aufschnitt, −e cold cut(s)

auf·sehen, a, e look up (at)

auf·spannen stretch; open (an umbrella)

auf·springen, a, u jump up

auf·spüren trace out, hunt out

auf·stehen, a, a stand up, get up

auf·steigen, ie, ie climb up; rise, ascend

auf·stellen put up, pose, advance (a thesis); establish

auf·stoßen, ie, o kick open

auf·suchen search for

auf·tauchen emerge, appear

der Auftrag, ⁼e commission, order, instruction; im Auftrag on behalf (of)

auf·wachen wake up

auf·wiegen, o, o outweigh; compensate for

die Aufzeichnung, −en record

das Auge, −n eye

der Augenblick, −e moment, instant

die Augenhöhle, −n eye socket

Augenschlitze (pl.) "eye slits," half-closed eyes

aus (prep.) out of, from, of, for

aus·breiten spread out

der Ausdruck, ⁼e expression

aus·drücken press out; express

auseinander·breiten spread out

aus·ersehen, a, e choose, select

aus·fragen question

aus·führen carry out

ausführlich detailed; in detail

der Ausgang, ⁼e exit, way out

ausgebreitet spread out

ausgedehnt extensive; extended

ausgeklügelt clever, shrewd

ausgerechnet just, exactly

die Auskunft, ⁼e information

das Ausland foreign country; im Auslande abroad

der Ausländer, − foreigner

aus·nützen exploit

aus·rufen, ie, u exclaim

aus·ruhen rest (up)

aus·sagen state, express, assert

aus·scheiden, ie, ie exclude, eliminate

der Ausschnitt, −e slit; excerpt

äußer- outer; äußerst (superlative) utmost

sich äußern express one's self

das Äußerst· utmost

aus·speien spit out

aus·spionieren spy on

aus·steigen, ie, ie alight; get out (of a car)

aus·stoßen, ie, o utter

aus·strecken stretch out

aus·trinken, a, u drink up

aus·wählen choose, select

aus·wandern emigrate

aus·weichen, i, i avoid, evade; withdraw
aus·ziehen, o, o draw out; undress; take off; move
der Autofahrer, – driver
das Automobil', –e automobile
die Automobil'kette, –n line ("chain") of cars

B

der Bach, ̈e brook, stream
die Bäckersfrau, –en baker's wife
bagatellisie'ren play down
bahnen open a way
der Bahnhof, ̈e railroad station
die Bahre, –n stretcher
bald soon; bald . . . bald sometimes . . . sometimes
der Balken, – beam, rafter
der Ball, ̈e ball, sphere
das Band, ̈er band, ribbon, tape, strip
die Bank, ̈e bench
der Bann ban; spell
der Bannwart, –e forest ranger
die Bar, –s bar, tavern
der Bär, –en, –en bear
Basler of, from Basel
der Baß, ̈(ss)e bass (horn)
der Bauer, –s or –n, –n farmer, peasant
bäuerlich rural
das Bauernhaus, ̈er farmhouse
der Bauplatz, ̈e building site
bäurisch rustic; boorish
beachten take notice of
beachtlich notable, considerable
der Beamt- official
beauftragen commission; instruct
bedauern regret
bedecken cover
bedenken, a, a consider, bear in mind
bedenklich suspicious, questionable
bedeuten mean, signify, be of importance
bedeutsam significant
die Bedeutung, –en meaning, importance, significance
bedienen serve
die Bedienerin, –nen serving maid
die Bedingung, –en condition, stipulation; unter der Bedingung on the condition

sich beeilen hurry
beeinflussen influence
beenden finish
die Beerdigung, –en burial, funeral
sich befassen (mit) concern one's self (with)
befehlen, a, o order, command
befestigen fasten, fix, make fast
sich befinden, a, u be situated; be, feel
das Befinden state of health, condition
befördern promote
befrackt in (a) dress coat(s)
befragen question, interrogate
befreundet friendly; befreundet sein mit be a friend of
befürchten fear
begabt gifted, talented
begegnen meet, encounter; befall
die Begegnung, –en meeting, encounter
begehen, i, a commit
sich begeistern be enthusiastic about
begeistert enthusiastic, excited
beginnen, a, o begin
begleitet accompanied (by)
begraben, u, a bury
begreifen, i, i understand
begreiflich comprehensible, understandable
der Begriff, –e idea, notion; comprehension, concept(ion); im Begriff about to, on the point of
begründen substantiate, give reasons for
behandeln handle, treat; deal with
die Behandlung, –en treatment
behaupten assert, maintain
die Behauptung, –en statement
beherrscht ruled, governed, dominated, controlled
behutsam careful, cautious
bei (prep.) at, with, near, by; at the home of
beide both, (the) two
bei·fügen add
bei·geben, a, e join to; appoint; give in
bei·kommen, o, o get at, come at
das Bein, –e leg

beinahe   almost, nearly
beirren   divert; mislead, confuse
das Beispiel, –e   example
bei·wohnen   attend, be present at
bekannt   known, well known
bekleidet   dressed
belasten   load, burden, charge
belästigen   trouble, bother
belebt   crowded, busy; vivacious, lively
beleidigt   offended
bellen   bark
belügen, o, o   lie to, deceive
belustigt   amused
bemerken   notice, observe; remark
die Bemerkung, –en   remark
bemühen   take trouble
bemüht   troubled, endeavoring
benachrichtigen   inform
benachteiligt   at a disadvantage
sich benehmen, a, o   behave
benutzen   use
beobachten   observe, watch
bequem   comfortable
berechnen   calculate
das Berechnet–   something planned, premeditated
die Berechnung, –en   calculation
berechtigt   entitled; qualified; justified
bereit   ready
bereuen   repent, regret
der Berg, –e   mountain
bergan'·führen   lead uphill
bergen, a, o   hide, conceal
berichten   report
Berner   of Bern, Bernese
der Beruf, –e   profession, occupation
beruflich   professional
beruhigen   pacify, calm
sich beruhigen   set one's mind at rest
berühmt   famous
die Berühmtheit   fame, distinction
die Berührung, –en   touch, contact; in Berührung kommen come into contact
besänftigen   soothe, soften
besät   strewn, covered
sich beschäftigen (mit)   occupy one's self (with), be busy (with)
beschäftigt   occupied
beschauen   view, look at
der Bescheid, –e   information,

knowledge; Bescheid wissen know of (a thing)
bescheiden   modest
bescheinen, ie, ie   shine on
beschienen   illumined
beschließen, o, o   resolve, decide
beschmutzen   soil, stain
beschnuppern   sniff at
beschönigen   gloss over
beschreiben, ie, ie   describe
die Beschreibung, –en   description
besehen, a, e   examine, inspect; sich (dat.) besehen   have a look at
besetzt   occupied, garnished
besiegen   overcome, defeat
der Besitz   possession, property
besitzen, a, e   possess, own
besonder–   special
besonders   especially; separately; chiefly
besorgt   solicitous, worried
besprechen, a, o   talk over, discuss
die Besprechung, –en   conversation, discussion
besser (comparative of gut)   better
best- (superlative of gut)   best
bestätigen   confirm
sich bestätigen   be confirmed, hold true
bestehen, a, a (in)   consist (in); exist
die Bestie, –n   beast
bestimmen   determine, decide, settle
bestimmt   definite, certain
bestreiten, i, i   dispute, deny
bestürzt   confounded, disconcerted
die Bestürzung, –en   consternation, confusion
der Besuch, –e   visit; zu Besuch sein   be on a visit
besuchen   visit; attend (school)
betäubt   stupified
der Betracht   respect, regard, consideration; in Betracht kommen or fallen   come into question
betrachten   look at, contemplate
betrauen   entrust
betreten, a, e   set foot on, in; enter
der Betrug   deceit, fraud
betrunken   drunk, intoxicated
das Bett, –en   bed

der **Bettler**, – beggar
sich **beugen** bow, bend
beunruhigen disquiet, worry
die **Beute** booty, spoils, plunder; prey
bevölkern populate
bevor (*sub. conj.*) before
bewandert experienced, versed (in); proficient
bewegen move, stir
die **Bewegung**, –en movement, motion; sich in **Bewegung setzen** start
bewegungslos motionless
der **Beweis**, –e proof, evidence
beweisen, ie, ie prove, show, demonstrate
bewerten estimate, evaluate; value
die **Bewunderung** admiration
bewußt conscious
bezeichnen mark, denote, characterize
bezeichnet marked
die **Beziehung**, –en relation
die **Bibel**, –n Bible
die **Bibliothek'**, –en library
bieder upright, honest, honorable
die **Biederkeit** staunchness, honesty
biegen, o, o turn, bend
das **Biest**, –er beast
bieten, o, o bid, offer; sich (*dat.*) nicht **bieten lassen** not put up with, not stand for
sich **bieten, o, o** offer, present itself
das **Bild**, –er picture
das **Bildnis**, –se picture, image
die **Bildung**, –en education
biolo'gisch biological
der **Birkenstamm**, ⸚e trunk of a birch tree
bis (*prep. and sub. conj.*) to, up to, until; **bis zu** up to, as far as
der **Bissen**, – bite, morsel
die **Bitte**, –n request, prayer
bitten, a, e (um) ask (for), request
bitter bitter
blasen, ie, a blow
blasphe'misch blasphemous
blaß pale
das **Blatt**, ⸚er leaf

blättern leaf (through); flake off
blau blue
das **Blau** blue, "the blue" (sky)
der **Blechtrust**, –s sheet metal trust (combine)
bleiben, ie, ie remain, stay
bleich pale
blenden blind
der **Blick**, –e glance, gaze; appearance; view
blicken look, glance; shine
der **Blitz**, –e lightning flash, flash
blödsinnig idiotic
blond blond
bloß bare; mere
die **Blume**, –n flower
das **Blut** blood
bluten bleed
der **Bluthund**, –e bloodhound
blutig bloody
die **Blutlache**, –n pool of blood
der **Boden**, ⸚ ground; floor
der **Bogen**, – or ⸚ sheet of paper
(sich) **bohren** drill, pierce
bös(e) evil, bad; angry
das **Bös-** evil
die **Botschaft**, –en legation, embassy; message
der **Brand**, ⸚e fire, conflagration; burning; in **Brand stecken** or **setzen** light, set fire to
der **Braten**, –en roast meat
der **Brauch**, ⸚e custom
brauchen use; need
braun brown
das **Braun** brown
die **Braut**, ⸚e fiancée
der **Bräutigam**, – fiancé
brav fine, upright, honest; well behaved
brechen, a, o break
sich **brechen, a, o** break; be refracted
breit broad, wide
breiten spread
breitgedrückt pressed flat
bremsen brake, put on the brakes
brennen, a, a burn
die **Briefmarke**, –n postage stamp
die **Brieftasche**, –n wallet
der **Briefträger**, – "letter carrier," mailman
bringen, a, a bring
die **Brise**, –n breeze
brodeln boil

das **Brot**, –e bread; loaf
die **Brücke**, –n bridge
brummen grumble, growl, mutter
die **Brust**, –̈e breast, chest
brutal' brutal(ly)
das **Buch**, –̈er book
das **Büchergestell**, –e bookcase
die **Buchhandlung**, –en book shop
sich **bücken** stoop
der **Bulga're**, –n, –n Bulgarian
der **Bundesanwalt**, –̈e attorney
 general
die **Bundeshauptstadt**, –̈e capital
 city (of the Federal Republic
 [of Switzerland])
das **Bundeshaus** Parliament (building)
das **Bureau'** (das **Büro'**, –s) office
der **Bursche**, –n –n fellow
der **Bussard**, –e buzzard
büßen atone for, pay for

C
der **Champa'gner**, – [ʃɑ̃mpan'jər]
 champagne
die **Chance**, –n [ʃɑ̃'sə] chance,
 opportunity, prospect
der **Chef**, –s [ʃɛf] chief
China China
der **Chine'se**, –n, –n Chinese

D
da (*sub. conj.*) since
da (*adv.*) there, here
dabei at the same time; besides;
 with it; at that place; **dabei
 bleiben** persist in
dabei'·sitzen, a, e sit with
das **Dach**, –̈er roof
dafür for it
dagegen in opposition to that, on
 the contrary, on the other hand
daher thence, from that place;
 therefore, for that reason
daher'·kommen, a, o come along;
 come from
daher'·schwimmen, a, o come
 floating down, along
dahin'·schwimmen, a, o swim
 along, swim there
da·liegen, a, e lie there
damalig of that time
damals at that time, then
die **Dame**, –n lady

damit' (*sub. conj.*) so that, in
 order that
damit (*adv.*) therewith; with it,
 with that
der **Dämon**, –en demon
dampfen steam
danken thank; **danke** thank you
dann then
daran thereon, thereat; on it, at
 it, to it; **daran zweifeln** doubt
 it
darauf thereupon; on it, upon it;
 afterwards
darin therein; in there, in it
dar·stellen represent, present
darüber thereon; on it, on them;
 over it; besides
darum therefore, on that account;
 so darum, weil it is because
darunter by that
da·sein be present
daß (*sub. conj.*) that
dasselb- the same
die **Dattel**, –n date
dauern last, continue
davon thereof; of, by, from that
davon'·fahren, u, a drive off
dazu thereto; with it, for it; besides, in addition
dazwi'schen in between
dazwi'schen·kommen, a, o come
 between, interfere
die **Decke**, –n ceiling; cover,
 blanket
die **Dekoration'**, –en decoration
demnach therefore, consequently
die **Demonstration'**, –en demonstration
demütig humble, submissive
denken, a, a think; **sich** (*dat.*)
 denken think of, about
denn (*coord. conj.*) for, because
denn (*adv.*) then
dennoch nevertheless
dergleichen the like; **nichts dergleichen** nothing like that, it
dermaßen to such an extent
derselb- the same, the latter
deshalb on that account
desorientiert' disoriented, confused
deswegen on that account, for
 that reason
deuten (**auf**) point (to), indicate
deutlich clear, distinct

deutsch German
der Dialekt', –e dialect
dicht thick
dick fat, thick
der Dick- fat man
das Dickicht, –e thicket
der Dieb, –e thief
der Diener, – servant
der Dienst, –e service
der Dienstagmorgen Tuesday
morning
dienstlich official; on official business
das Dienstmädchen, – serving maid
der Dienstwagen, – official car
dies, dieser this, that; the latter
das Ding, –e thing
der Diplomat', –en, –en diplomat
diploma'tisch diplomatic
direkt' direct, immediate; almost, just about
die Diskussion' discussion
diskutie'ren discuss
disputie'ren debate
der Diwan, –s or –e divan, sofa
doch yet, nevertheless, but, though; after all; surely
das Dökterchen, – "little doctor"
das Dökterli, – "little doctor"
der Doktor, –to'ren doctor
das Dokument', –e document
donnern thunder
das Dorf, –er village
der Dorfbewohner, – villager
die Dorfpolizei, –en village police (men)
der Dorfpolizist, –en, –en village policeman
dort there
dorthin to that place, there
das Drama, –en drama
draußen outside
der Dreck dirt, filth
dreimal three times
dreizehnjährig thirteen years old
drin = darin
dringen, a, u penetrate; enter, force one's way; press
dringend urgent
drohen threaten
der Druck, –e pressure
drücken press, push
drunten below
dubios' doubtful

die Dummheit, –en stupid action, folly
der Dummkopf, –e blockhead, simpleton
dunkel dark
das Dunkel darkness; im Dunkeln in the dark
dunkelgrau dark grey
die Dunkelheit darkness
der Dunst, –e haze
durch (prep.) through, by, by means of
durch·beißen, i, i bite through
durch·blättern leaf through
der Durchblick, –e view
durch·brechen, a, o break through
durch·bringen, a, a carry through
durchbro'chen broken through; pierced, punctuated
durcheinander disturbed, mixed up
durcheinander·bringen, a, a bring into confusion
durch·fahren, u, a pass through; cross one's mind
durchfor'schen search through, scrutinize
durch·führen carry out; eine Untersuchung durch·fühen carry on an investigation
durchkreu'zen cross; frustrate, thwart, prevent
durchque'ren cross
durchschau'en see through
durchschos'sen shot through
durchschrei'ten, i, i cross, walk across
durch·sehen, a, e look through
durchsetzt' permeated, interspersed
dürfen may, can, be permitted, be allowed
dürftig needy; scanty, insufficient
düster gloomy, dismal
duzen address with "du"

E
eben just, just now, exactly; level; zu ebener Erde liegen be at ground level
die Ebene, –n plain
ebenfalls likewise, also, too
ebenso just as
die Ecke, –n corner
edel noble
ehemalig former, late

159

ehern (of) brass, brazen
die Ehre, –n honor
die Ehrenlegion (French) Legion of Honor
der Ehrgeiz ambition
ehrgeizig ambitious
ehrlich honorable, honest, good-hearted
das Ei, –er egg
die Eibe, –n yew tree
die Eidechse, –n lizard
der Eifer eagerness, zeal
eifersüchtig jealous
eifrig eager, zealous
eigen (one's) own
eigentlich proper(ly), true(ly), real(ly), actual(ly)
eilen hurry
einan'der one another
der Einband, ⁼e cover of a book
ein·bauen build in; fit in
ein·biegen, o, o turn in
der Einbrecher, – burglar
der Eindruck, ⁼e impression
einfach simple
ein·fahren, u, a drive into
der Einfall, ⁼e idea, notion, fancy
ein·fallen, ie, a occur to, enter one's mind
ein·fassen border
der Eingang, ⁼e entrance
eingehüllt enveloped
eingeordnet arranged, ordered
eingeschlossen locked up
eingeschüchtert intimidated, abashed
ein·graben, u, a dig in, bury
ein·greifen, i, i invade; enter into
ein·halten, ie, a adhere to, keep
ein·holen catch up with; retrieve
einige a few, some, several
ein·laden, u, a invite
ein·lassen, ie, a let in
sich ein·lassen, ie, a engage (in)
ein·leiten introduce, begin
einmal once; **nicht einmal** not even; **nun (eben) einmal** as matters stand
einmalig happening only once, unique
sich ein·mischen interfere, meddle with
ein·nehmen, a, o take in; occupy; eat
einsam lonely, solitary

die Einsamkeit loneliness, solitude
der Einsatz, ⁼e insertion; interjecting; putting in
ein·schätzen estimate, assess, value
ein·schenken pour (in, out)
ein·sehen, a, e look into, examine; perceive
einseitig one-sided
die Einsicht, –en insight, understanding, discernment; reason
ein·stecken put in, pocket
ein·steigen, ie, ie get in (a car)
ein·tauchen plunge into
ein·treffen, a, o arrive
ein·treten, a, o enter
der Eintretend- person entering
der Eintritt, –e entrance, entry
ein·üben train; practice
ein·vernehmen, a, o (Swiss) hear; question
einverstanden agreed, in accord
einwandfrei faultless, incontestible
ein·wenden, reg. or a, a object
ein·werfen, a, o throw in; interject
die Einzelheit, –en individuality; (pl.) particulars, details
einzeln single, individual
ein·ziehen, o, o draw in; collect
einzig only, sole, single
das Eis ice
das Eisen, – iron
die Eisenstange, –n iron bar
eiskalt ice cold
die Eitelkeit, –en vanity, conceit
elegant' elegant
das Element', –e element
Eltern (pl.) parents
eminent' eminent
empfangen, i, a receive, welcome
sich empfehlen, a, o take leave
empö'ren excite, stir up, rouse to indignation
sich empö'ren be enraged
empor'·schauen look up (at)
empor'·steigen, ie, ie ascend
die Empö'rung, –en rebellion; indignation
das Ende, –n end
endgültig final, definite
endlich final(ly)
endlos endless
eng close, narrow, tight
der Engpaß, ⁼(ss)e narrow pass, impasse, bottleneck

entdecken discover
die Entdeckung, —en discovery
entfallen, ie, a fall out of; escape
(the memory)
entfernt distant
entfesselt unchained, loosed
entgegen (*prep.*) towards
entgegen·bringen, a, a offer, bear
toward
entgegen·kommen, a, o meet;
meet half-way
entgegen·rufen, ie, u call toward
sich entgegen·schieben, o, o press
in on
entgegnen reply
enthalten, ie, a contain
entlang (*postposition*) along; den
See entlang along the lake
entlang·gehen, i, a go, walk along-
side of
entlarven unmask
entlaubt bare of foliage
entnehmen, a, o take from
der Entscheid, —e decision
entscheiden, ie, ie decide
die Entscheidung, —en decision;
crisis
entschieden decidedly
sich entschließen, o, o decide
entschlossen determined, firm
der Entschluß, ⸚(ss)e decision,
resolution
entschuldigen excuse
das Entsetzen terror, dread
entsichern release the safety catch
enttäuscht disappointed
entweder . . . oder either . . . or
die Entwicklung, —en development
erblicken catch sight of
der Erbonkel, — rich uncle
erbrechen, a, o vomit
die Erbse, —n pea
die Erde, —n earth; ground
der Erdhügel, — heap of earth
sich ereignen happen, occur
erfahren, u, a learn, discover; experience
die Erfahrung, —en experience;
aus Erfahrung based on (an)
experience
erfassen seize, grasp
erfinden, a, u invent
der Erfolg, —e success
erfordern require, necessitate,
make necessary

erfüllen fulfill
ergänzen complete, add
sich ergießen, o, o overflow, pour
(into)
ergraut grey-haired
ergreifen, i, i grasp, seize
erhalten, ie, a get, receive
sich erheben, o, o raise one's self,
rise
sich erholen recover, recuperate
sich erinnern remember
die Erinnerung, —en remembrance,
recollection, memory, reminder
erkennen, a, a recognize; perceive;
discern
die Erkenntnis, —se knowledge;
perception; recognition
erklären explain; declare
die Erklärung, —en explanation
erklimmen, o, o climb up, ascend
die Erkundigung, —en inquiry;
Erkundigungen ein·ziehen collect information, make inquiries
erläutern explain
das Erlebnis, —se experience; occurrence, event
erledigen settle, finish; kill
erleichtert relieved
erleuchten light up, illumine
erleuchtet lit up
erlischt *see* erlöschen
erlöschen, o, o (es erlischt) be
extinguished, go out; put out
ermorden murder
die Ermordung, —en murder
ernst serious; ernst nehmen take
seriously
der Ernst seriousness
ernsthaft serious
erobern conquer, overcome, win
erörtern discuss
erraten, ie, a guess; divine, make
out
erregt excited, irritated
die Erregung, —en agitation; excitement
erreichen reach, attain; obtain
erschaffen (*p.p.*) created
erscheinen, ie, ie appear
die Erscheinung, —en appearance
erschießen, o, o shoot dead
erschöpft exhausted
der Erschossen- person shot
erschrecken, a, o be frightened,
be startled

erschrocken frightened, startled; zu Tode erschrocken frightened to death

erschüttert shaken, shocked

ersehen, a, e see, perceive, observe, note

erst (adj.) first; (adv.) not until, just; erst jetzt just now; zum erstenmal for the first time

erstarrt benumbed

erstaunt astonished

ertrunken drowned

erwachen wake up

erwähnen mention

erwarten await, expect

erweichen soften; move

sich erweisen, ie, ie (als) prove to be

erwidern reply

erzählen tell, relate

die Erziehung, –en education, upbringing

der Esel, – donkey

essen, a, e eat

das Essen, – meal; food

der Esser, – eater

das Eßzimmer, – dining room

die Eßzimmertür(e), –en dining room door

etwa perhaps, by chance

etwas something, anything; somewhat; etwas anderes something else, anything else, a different matter

europä'isch European

ewig eternal, everlasting

die Ewigkeit, –en eternity

das Exemplar', –e sample, specimen

F

fächeln fan

das Faggott', –e bassoon

fähig capable

die Fähigkeit, –en capability

fahl pale

die Fahne, –n flag, banner

fahren, u, a go, travel, ride, drive

der Fahrer, – driver

die Fahrt, –en ride, drive, journey; zur Fahrt bereit ready for the ride

der Fall, –̈e case

die Falle, –n latch; trap

fallen, ie, a fall; durch ein Examen fallen fail an examination

falsch false, wrong

der Fälscher, – forger

falten fold

die Fami'lie, –n family, household

fana'tisch fanatic

der Fangball, –̈e ball (for playing "catch")

fangen, i, a catch

farbig colored

fassen grasp, seize; einen Entschluß fassen make a decision

fast almost

faszinie'ren fascinate, attract

fauchen hiss

die Faust, –̈e fist

federn be springy; vibrate back and forth

die Federzeichnung, –en pen and ink drawing

fehlen be lacking, be missing

der Fehler, – mistake

der Fehlgriff, –e blunder, mistake

feierlich solemn; festive

die Feierlichkeit solemnity

feiern celebrate

fein fine, thin

der Feind, –e enemy

das Feld, –er field, open country

der Feldweg, –e road through a field

das Fell, –e skin, hide, fur

der Fels, –en, –en cliff

die Felswand, –̈e cliff face

das Fenster, – window

fensterlos windowless

die Fensternische, –n window niche, window recess

der Fensterrahmen, – window frame

die Fensterreihe, –n row of windows

Ferien (pl.) vacation

fern far, distant; von ferne from afar, in the distance

ferner further, moreover

fertig ready, finished

das Fest, –e feast, banquet

sich fest·halten, ie, a hold one's self fast, steady

fest·stellen determine, ascertain; state

feucht damp, moist

162

die Feuchtigkeit dampness
das Feuer, – fire
die Feuerflamme, –n flame, blaze
feurig fiery
Fiebergluten (*pl.*) embers of fever
die Figur', –en figure, diagram
der Filzhut, ⸚e felt hat
finden, a, u find
der Finger, – finger; auf die Finger sehen watch closely, observe
finster dark
die Finsternis darkness
die Fläche, –n flatness; surface; area
flackern flicker
die Flamme, –n flame
flattern flutter
die Flause, –n evasion, false pretense
das Fleisch meat
der Fleiß diligence
fletschen: die Zähne fletschen show one's teeth, snarl
die Fliege, n –fly
fließen, o, o flow
der Fluch, ⸚e curse
fluchen curse, swear
flüchten flee, escape
flüchtig hasty, hurried
der Flügel, – wing; grand piano
der Fluß, ⸚(ss)e river
die Flut, –en flood
folgern deduce
die Forderung, –en demand
die Formalität', –en formality
das Format', –e form, shape, format; importance
das Formell'– formality
forsch (*dial.*) forthright
fort away
fort·fahren, u, a continue
fort·schaffen get rid of
fort·schreiten, i, i advance
fort·setzen continue
sich fort·stehlen, a, o steal away, run away
der Frack, ⸚e evening coat, "tails"
frackartig resembling a dress coat
die Frage, –n question; problem; eine Frage stellen ask a question; in Frage kommen come into question; in Frage stellen bring into question, make doubtful
fragen ask
die Fragerei', –en questioning, badgering with questions
der Franzo'se, –n, –n Frenchman
franzö'sisch French
die Fratze, –n grimace, "face" (*as in* "to make a face")
die Frau, –en woman; wife; Mrs.
der Frauenname, –ns, –n woman's name
die Freiheit freedom, liberty
freilich to be sure, of course
fremd strange, foreign
der Fremd- stranger
fressen, a, e eat (of animals), devour, feed
freuen give pleasure to
sich freuen be glad, be happy; sich freuen auf look forward to
die Freundin, –nen (girl) friend
freundlich friendly
die Freundlichkeit, –en friendliness
der Friedhof, ⸚e cemetery
frieren, o, o freeze; feel cold; shiver
frisch fresh; lively
frischausgehoben freshly dug
froh happy, gay
frösteln shiver
frug = fragte
früh early
der Fuchs, ⸚e fox
sich fügen submit to
(sich) fühlen feel
führen lead, conduct; drive
sich füllen fill, be filled
der Fund, –e discovery
funkeln sparkle, glitter
für (*prep.*) for; was für ein what kind of
die Furcht fear
furchtbar frightful, fearful
fürchten fear
sich fürchten (vor) be afraid (of)
fürchterlich fearful, terrible
der Fuß, ⸚e foot; zu Fuß on foot; zu Füßen at the feet
der Fußboden, ⸚ floor

G

der **Gang**, ‑̈e movement; gait, pace; way

die **Gänseleber**, –n goose liver, paté de foie gras

ganz whole, entire, complete; **ganz und gar** entirely, absolutely; **im ganzen** in all, on the whole

das **Ganz-** whole, entirety; **aufs Ganze gehen** go the whole way, go all out

gar ready; entirely; **gar nicht** not at all; **gar nichts** nothing at all

die **Gara'ge**, –n [gara:'ʒə] garage

der **Garten**, ‑̈ garden

die **Gartenmauer**, –n garden wall

die **Gartentür(e)**, –en garden gate

der **Gartenweg**, –e garden path

die **Gasse**, –n alley; (*Swiss*) street

der **Gast**, ‑̈e guest, visitor

die **Gaststube**, –n lounge, bar

gebannt banned, captivated

gebären, a, o bear, give birth to

das **Gebäude**, – building, structure

geben, a, e give; **es gibt** there is, are

sich **geben**, a, e behave as if one is

gebeugt bowed

das **Gebiet**, –e area

gebildet educated

das **Gebirge**, – mountainous area, mountains

das **Geborgen-** safe, protected place

gebreitet spread

gebückt bowed

gebürtig (**aus**) native (of)

der **Gedanke**, –ns, –n thought, idea

gedankenverloren lost in thought

gedeckt set (a table)

die **Geduld** patience

geduldig patient

die **Gefahr**, –en danger

gefährlich dangerous

gefallen, ie, a please

der **Gefangen-** prisoner

das **Gefängnis**, –se prison

das **Gefecht**, –e fight, battle

der **Gefragt-** person questioned

gefüllt filled

gegen (*prep.*) against, toward; **gegen Mittag** near noon

die **Gegend**, –en region, neighborhood

das **Gegenlicht** light from the opposite direction

der **Gegensatz**, ‑̈e contrast, antithesis; **im Gegensatz zu** in opposition to

der **Gegenstand**, ‑̈e object

das **Gegenteil**, –e opposite

gegenü'ber (*prep. and adv.*) opposite; in relation to

gegenü'ber·sitzen, a, e sit opposite, sit facing (one another)

sich **gegenü'ber·stehen**, a, a stand facing one another

die **Gegenwart** presence; present time

gegenwärtig present; at present

geheim secret

geheim·halten, ie, a keep secret

das **Geheimnis**, –se secret, mystery

geheimnisvoll mysterious

gehen, i, a go

geheuer (*used only with the negative*) **nicht geheuer** not safe, haunted; **nicht ganz geheuer** not entirely at ease

gehören belong to

der **Geist**, –er spirit; intellect, wit; mind

gekleidet clothed

das **Gelächter** laughter

geladen loaded

gelangen reach, get to, arrive at

gelassen (*p.p.*) left; calm, composed

gelb yellow

das **Geld**, –er money

die **Gelegenheit**, –en opportunity

gelehnt leaning (on)

gelingen, a, u succeed; **es gelingt mir** I succeed

gelten, a, o be worth, be of value; mean; concern, apply, be intended for

das **Gemäuer**, – masonry

gemeinsam mutual, common

genau exact, precise, accurate, particular; close; **genauer hin·sehen** look rather closely

der **Gendarm'**, –en, –en [ʒan-
darm', ʒa'darm] rural policeman, constable
die **Gendarmerie'**, –n, [ʒan-
darmərɪ:', ʒadarmərɪ:'] police
station, rural police
der **General'**, –e general
genier'lich [ʒɛni:r'lɪç] embarrassing
genießen, o, o partake (of food
or drink); have the benefit of;
enjoy
genügen suffice, be enough
geöffnet opened
geome'trisch geometric
die **Gepflogenheit**, –en custom,
usage
gerade (*adj.*) straight, direct;
(*adv.*) quite, exactly, just
geradezu immediately, directly,
plainly
geraten, ie, a get into; come to
das **Geräusch**, –e noise
die **Gerechtigkeit** justice
das **Gericht**, –e court (of law);
dish (food)
gerichtet (**auf**) directed (toward,
at); set up
der **Gerichtsmediziner**, – coroner
gering little, slight
gern gladly
gerückt drawn up
der **Gesandt-** ambassador, envoy
die **Gesandtschaft**, –en embassy,
legation
der **Gesang**, ⸚e singing, song
gescheit clever, intelligent
das **Gescheit-** something clever;
nichts Gescheites nothing
clever, nothing sensible
gescheitert wrecked, frustrated,
failed
geschehen, a, e happen
die **Geschichte**, –en story
geschickt skillful, clever
das **Geschirr**, –e dishes
das **Geschlecht**, –er race, sex,
family, kind
geschlossen closed, locked
die **Geschwindigkeit**, –en speed
der **Geschwindigkeitsmesser**, –
speedometer
die **Gesellschaft**, –en society;
party; company
gesellschaftlich social

der **Gesellschaftsanzug**, ⸚e dress
suit
das **Gesetz**, –e law; rule
gesetzt supposing, in case
das **Gesicht**, –er face
das **Gesindel** rabble
das **Gespenst**, –er ghost, phantom
gespenstisch ghost-like
das **Gespräch**, –e conversation
gesprächig talkative, chatty
gestaffelt staggered
die **Gestalt**, –en form, figure
gestalten form, mould
gesucht sought
gesund healthy
gesunken sunk
getaucht immersed (in)
getorkelt reeling, staggering
der **Getötet-** person killed
getürmt piled up
gewachsen grown; equal to
gewaltig strong; huge
die **Gewalttätigkeit**, –en act of
violence
gewichtig weighty, important
gewinnen, a, o win, gain, acquire,
obtain
gewiß certain
das **Gewissen** conscience
die **Gewohnheit**, –en habit, custom
sich gewöhnen (**an**) become accustomed (to)
gewöhnlich usual(ly)
gewohnt accustomed (to); re-
sided
gewöhnt (**an**) accustomed (to)
gewölbt vaulted, arched
die **Gier** eagerness, desire, greed
gierig eager, greedy
gießen, o, o pour
gigan'tisch gigantic, colossal
der **Gips**, –e plaster
die **Gittertür**(e), –en grated door
glänzen shine, glitter
das **Glas**, ⸚er glass
gläsern glassy, crystalline
glatt smooth
glauben believe
gleich same, like; even; immediately
gleichförmig uniform; monoto-
nous
gleichgültig indifferent; immaterial
das **Gleichgültig-** etwas Gleich-

gültiges something immaterial
die Gleichgültigkeit indifference
gleichmäßig uniform, even
gleichsam as if, as though; as it were
gleichwohl nevertheless
gleichzeitig at the same time
gleißen glisten
gleiten, i, i glide, slide, skid; ins Gleiten kommen go into a skid
der Gletscher, – glacier
die Glocke, –n bell
das Glück luck, good fortune; von Glück reden können be able to consider one's self fortunate *or* lucky
die Glühbirne, –n light bulb
glühen glow, burn
die Gnade, –n grace, favor, mercy
golden golden
der Goldrahmen, – gold frame
gotisch Gothic
der Gott, –er god; mein Gott! heavens!
die Gotteslästerung, –en blasphemy
gottverlassen godforsaken
das Grab, –er grave
die Gräberreihe, –n row of graves
der Grabhügel, – mound
der Grabstein, –e gravestone
das Gras, –er grass
der Grat, –e (mountain) ridge
grau grey
das Grauen horror
grauenerregend horrifying
grauenhaft horrible
grauenvoll horrible, horrifying, awful
grausam awful, horrible
greifen, i, i seize, grasp, catch hold of
grell dazzling, glaring
der Grieche, –n, –n Greek
griechisch Greek
Griechisch Greek (language)
der Griff, –e grip; handle
die Grimas'se, –n grimace
grinsen grin, smirk, sneer
grölen bawl, sing out of tune
grollen be angry with; bluster, growl
groß large, big, great, tall

der Großkaufmann, –leute wholesale merchant
die Großmacht, –e world power
die Großmutter, – grandmother
der Großrat, –e (title of a member of the Swiss Parliament); cantonal legislature (*coll. for* Großer Rat)
die Großstadt, –e metropolis, large city
der Großvater, – grandfather
grün green
der Grund, –e ground; basis, reason; bottom; allen Grund haben have every reason; im Grunde fundamentally
gründlich thorough
der Grundsatz, –e principle
grüßen greet, salute
die Gültigkeit validity
die Gurke, –n cucumber
der Gürtel, – belt
gut good
das Gut- good
der Güterzug, –e freight train
gutmütig good-natured
gut-tun, a, a do well, behave well
das Gymna'sium, –sien secondary school (equivalent to high school and the first two years of college); das Gymnasium besuchen attend secondary school

H

das Haar, –e hair; ohne Haare zu lassen unscathed
haben have; es auf sich haben be of consequence
hager haggard, thin
halb half; halb eins twelve thirty
halboffen half open
die Halle, –n hall, room
der Hals, –e neck, throat; auf den Hals schicken to set on one's neck, to have someone bother *or* "plague" (someone else)
halten, ie, a hold; stop; consider, think; für das beste halten think it best
halt-machen stop
die Haltung, –en conduct, composure

166

die **Hand,** ⸚e hand; **an Hand** by means of, guided by; **die Hand geben** shake hands
die **Handbewegung,** **–en** movement of the hand, gesture
handeln act, treat, deal; **sich handeln um** concern, be a question of
das **Handeln** business, bargaining; action
das **Handelsabkommen,** **–** trade agreement
die **Handlung,** **–en** act, action
die **Handlungsweise,** **–n** conduct, behavior, manner of acting
hangen, i, a hang, be hanging
hängen hang, suspend; attach
harmlos harmless; inoffensive
hart hard
der **Hase, –n, –n** hare
Haspeltreppen (*pl.*) (der **Haspel,** **–** reel; die **Treppe, –n** stair) steep winding street with stairs
hassen hate
die **Hast** haste
häufen heap
die **Hauptarbeit, –en** main work, chief task
die **Hauptsache, –n** main thing; **der Hauptsache nach** in substance; **zur Hauptsache** in the main
hauptsächlich chiefly, mainly
das **Hauptsächlich-** main part, most important part
das **Haus,** ⸚er house; **zu Hause** at home
die **Hausdurchsuchung, –en** house search
die **Häuserreihe, –n** row of houses
die **Hausnummer, –n** house number
die **Haustür(e), –en** front door
he? eh?
heben, o, o raise
heftig violent, severe, vehement
heikel difficult, touchy
heim home(wards)
die **Heimfahrt, –en** journey home
heim·holen bring home (*i.e.,* send for)
heim·kehren return home
heimlich secret, concealed
die **Heimtücke** malice, cunning, deceit

heimtückisch treacherous, insidious
der **Heimweg, –e** way home
heißen, ie, ei be called; mean
heiter serene, happy, gay
die **Heiterkeit** cheerfulness
helfen, a, o help
hell bright
hellsichtig clairvoyant
der **Helve′ter, –** Helvetian, Swiss
die **Hemmung,** **–en** restraint, check; inhibition
die **Hemmungslosigkeit** lack of restraint
der **Henker, –** executioner
her this way (direction toward the speaker); to this time, ago
heran·fahren, u, a drive up
heran·kommen, a, o come near, approach
heran·ziehen, o, o draw near
herauf·ziehen, o, o draw up; dawn
heraus out, forth, from within
heraus·bringen, a, a bring out; find out
heraus·finden, a, u find out
sich heraus·finden, a, u find one's way out
herausgeputzt dressed up
heraus·nehmen, a, o take out, remove
sich heraus·nehmen, a, o venture
heraus·reißen, i, i tear out
sich heraus·stellen appear, turn out
herbei·bringen, a, a bring on; produce
herbei·eilen hurry there
herbei·führen cause
herbeigeblasen blown in
herbei·rasen speed, race to this place, race by
herbestellt sent for
her·brausen rush to this place
herein·brechen, a, o set in
herein·kommen, a, o come in
hergebeten summoned
her·kommen, a, o come here; arise, originate
hernach afterward, after that
der **Herr, –n, –en** gentleman; sir; Mr.
Herrgottsdonnernocheinmal! Thunderation!
herrlich magnificent, excellent

herrschen prevail; rule; **es herrschte Nebel** it was foggy, misty

herüber·dringen, a, u penetrate over to, across

herum·gehen, i, a go around, walk around

herumgetrieben knocked about

herum·kriechen, o, o creep about, crawl about

herum·schießen, o, o shoot around, go shooting about (the place)

herum·schlagen, u, a fight

herum·schnüffeln snoop around

herum·schwimmen, a, o swim around

herum·stehen, a, a stand around

herum·telephonieren telephone around

herunter·hangen, i, a hang down

hervor·holen bring forth, take out

hervor·kommen, a, o come forth; be visible

sich hervor·schieben, o, o push one's self (itself) forward

hervor·treten, a, e come forth; stand out

sich hervor·tun, a, a distinguish one's self

hervor·ziehen, o, o draw forth, pull out

her·werfen, a, o throw, cast

das Herz, –ens, –en heart

hetzen pursue; set on, incite

das Heu hay

heulen howl, roar, cry

heute today

heutig of today, present; **der heutige Tag** this day

heutzutage nowadays

hier here

hilflos helpless

der Himmel, – heaven(s)

hin that way (direction away from the speaker); **hin und her** to and fro; **hin und wieder** now and then, from time to time

hinabgelassen let down, lowered

hinab·schauen look down at

hinab·senken lower, let down

hinan·steigen, ie, ie climb up, ascend

hinauf upwards

hinauf·fahren, u, a drive up

hinauf·gehen, i, a go up

hinauf·klettern climb up, ascend

hinauf·kommen, a, o rise, get ahead

hinauf·schauen look up (at)

hinauf·sehen, a, e look up

hinauf·steigen, ie, ie climb up, ascend

hinaus out, outside

sich hinaus·beugen bend out; put one's head out of a window

hinaus·gehen, i, a go out

sich hinaus·lehnen lean out

hinaus·sehen, a, e look out

hinaus·stampfen stamp out (of a place)

hinaus·treten, a, e walk out, leave (a place)

hindern hinder, prevent, stop

hindurch through

hindurch·gleiten, i, i glide through

hindurch·schreiten, i, i walk through

hinein into

hinein·gehen, i, a go into

hinein·kriechen, o, o creep into

hinein·lachen laugh into

sich hinein·mischen meddle. interfere

hinein·rufen, ie, u shout into, toward

hinein·schauen look into, at

hinein·schießen, o, o shoot into, at

hinein·schlingen, a, u gulp down

hinein·schreien, ie, ie shout into

hinein·schreiten, i, i walk into

hinein·spielen play, operate (on from outside)

hinein·treiben, ie, ie drive into, force into

hin·geben, a, e sacrifice

hingeworfen thrown down

hin·horchen listen

hin·hören listen to

hin·schauen look at

hin·sehen, a, e look (at)

die Hinsicht regard, respect; **in Hinsicht auf** in regard to

hinsichtlich (*prep.*) with regard to

hin·stellen set down

hinter (*prep.*) behind

die Hinterfront, –en back (of a house)

die Hinterwand, ⸚e   back wall
hinüber·fahren, u, a   transport
hinüber·schauen   look over (at, to)
hinüber·sehen, a, e   look over (at, to)
hinunter·blicken   glance down at
hinunter·bringen, a, a   bring down, take down
hinunter·fahren, u, a   drive down
hinunter·fließen, o, o   flow down
hinunter·gehen, i, a   go down
hinunter·schauen   look down
hinunter·schreiten, i, i   walk down
hinunter·sehen, a, e   look down
hinweg·taumeln   stagger away
hinzu·fügen   add
hitzig   hot; fiery, passionate
hoch (hoh-)   high
das Hochdeutsch   High German
die Hochebene, –n   plateau
hochgezogen   drawn up
hoch·halten, ie, a   hold high, hold up
hoch·kommen, a, o; wenn es hochkommt   at the most; wieder hochkommen   recover
hoch·schlagen, u, a   pull up
höchst   utmost, extreme; es ist höchste Zeit   it is high time
hochverehrt   highly respected
der Hof, ⸚e   yard
hoffen   hope
die Hoffnung, –en   hope
höflich   polite, courteous
hoh-   see hoch
die Höhe, –n   height, high place; auf der Höhe   on a high plane; in der Höhe   on high, aloft, in the mountains
hohl   hollow
die Höhle, –n   cave
der Hohlkopf, ⸚e   empty-headed person
holen   get, fetch
die Hölle, –n   hell
höllisch   hellish, infernal
das Holz, ⸚er   wood
das Holzkreuz, –e   wooden cross
horchen   listen
hören   hear
der Horizont', –e   horizon
das Hotel', –s   hotel
der Hügel, –   hill
das Hühnerfleisch   chicken (meat)

humpeln   hobble, limp
der Hund, –e   dog
das Hündchen, –   little dog
der Hundebesitzer, –   dog owner
der Hunger   hunger
hungrig   hungry
hupen   sound the horn
husten   cough
der Hustenanfall, ⸚e   coughing fit
der Hut, ⸚e   hat

I

die Idee', –n   idea
illustrie'ren   illustrate
immer   always; (with comparative) more and more; immer weniger   less and less; immer wieder   again and again
immerhin   after all
imponie'ren   impress
imstan'de   able, capable
in (prep.)   in, into, within
indem' (sub. conj.)   while
das Indiz', –ien   evidence of guilt
die Industrie', –n   industry
der Industriell'–   industrialist
infolgedessen   consequently, because of that
die Information', –en   information
informie'ren   inform
inländisch   native
inne·halten, ie, a   stop
innerhalb (prep.)   within
innerlich   inwardly
innert (Swiss) (prep. and adv.)   within
inoffiziell'   unofficial
die Insel, –n   island
insofern   as far as
das Instrument', –e   instrument
interessant'   interesting
das Interes'se, –n   interest
interessie'ren   interest
sich interessie'ren für   be interested in
irgendein   some sort of a
irgendwer (–wen)   anyone
irgendwie   in any way
irgendwo   somewhere, anywhere
irgendwohin   anywhere, to any place
die Ironie'   irony
iro'nisch   ironic(al)
sich irren   be mistaken, be wrong

irritie'ren irritate, annoy
italie'nisch Italian

J

ja yes; indeed
jagen chase, pursue, drive, hunt
der Jäger, – hunter
jäh sudden(ly)
das Jahr, –e year
jahrelang for years
die Jahreszeit, –en season
je ever, always; je nach according to
jeder each, every
jedesmal every time, always
jedoch' however
jemals ever, at any time
jemand anybody, somebody
jenseits (prep.) on the other side
jetzt now
das Joch, –e yoke
der Jude, –n, –n Jew
die Judenschenke, –n Jew bar (used pejoratively; see note, p. 64)
der Judenwirt, –e Jew tavern keeper (used pejoratively)
die Jugend youth
der Jugosla'we, –n, –n Yugoslavian
jung young
der Junge, –n, –n boy, young fellow
Jurafelsen (pl.) Jura (Mountain) cliffs

K

der Kaffee coffee
der Kaftan, –e caftan (robe-like garment worn by people in the Near East)
kah! bare
das Kalbfleisch veal
das Kalbskotelett, –e or –s veal cutlet
der Kalen'der, – calendar; appointment book
kalt cold
die Kälte cold(ness)
kaltblütig cold-blooded
der Kamerad', –en, –en comrade
der Kampf, –̈e battle, contest, struggle
kämpfen fight

die Kante, –n edge
der Kanton', –e canton
der Kapitalist', –en, –en capitalist
das Kapit'el, – chapter
der Kartof'felsalat, –e potato salad
der Käse, – cheese
die Kaska'de, –n cascade
der Kater, – tomcat
die Kathedra'le, –n cathedral
das Kauderwelsch jargon; language spoken with a foreign accent, "broken" German
kaufen buy
der Kaufmann, Kaufleute merchant
kaum scarcely, hardly
die Kehle, –n throat
kehren turn
die Kellnerin, –nen waitress
kennen, a, a know, be acquainted with
kennen·lernen become acquainted with
das Kerbholz, –̈er stick notched to show a person's debts, tally; etwas auf dem Kerbholz haben be suspected of wrongdoing, have something to answer for
der Kerl, –e fellow
die Kerze, –n candle
die Kette, –n chain
keuchen gasp, pant
der Kiefer, jaw
das Kind, –er child
Kinderschuhe (pl.) children's shoes; noch in den Kinderschuhen stecken be still in the beginning stages
der Kinderwagen, – baby carriage
die Kirche, –n church
der Kirchgänger, – church-goer
die Kiste, –n chest, box
der Klang, –̈e sound, tune; von Klang of repute
klappen clatter, rattle
klar clear
die Klasse, –n class
klatschen clap; slap; clatter; in die Hände klatschen clap one's hands
kleben stick
das Kleid, –er dress; Kleider clothes

klein small
klemmen press, squeeze
klettern climb, scramble up
der **Klient'**, –en, –en client
die **Klinge**, –n blade; sword
die **Klingel**, –n bell
klingeln ring
klingen, a, u sound; ring, clink
klirren clatter
klopfen knock, rap, pat, tap
klug wise, clever
knochig bony
knurren growl, grumble
kochen cook
die **Kochkunst**, ⁻e art of cooking
der **Koffer**, – suitcase
die **Kohle**, –n coal; **auf glühenden Kohlen sitzen lassen** put in an embarrassing *or* uncomfortable situation
die **Kolonie'**, –n colony
kommen, a, o come
der **Kommissär'** (**Kommissar'**), –e police inspector
der **Kommunist'**, –en, –en communist
die **Komö'die**, –n comedy, farce
kompliziert' complicated
der **Konkurs'**, –e bankruptcy; **vor dem Konkurs stehen** be on the verge of bankruptcy
können can, be able to
konservativ' conservative
konstatie'ren state, confirm
konsterniert' disconcerted
konstruie'ren construct, invent
konzentrie'ren concentrate
der **Kopf**, ⁻e head
der **Kornett'**, –e cornet
das **Kornfeld**, –er grain field
der **Körper**, – body, corpse
korrekt' correct
der **Korridor**, –e corridor
korrigie'ren correct
kosten taste; cost
der **Kot** mud
krachen crack; fail
die **Kraft**, ⁻e power, force, strength
kräftig strong, powerful
der **Kragen**, – collar
krank sick; diseased
die **Krankheit**, –en illness
die **Krankheitsgeschichte**, –n case history (of an illness)

der **Krankheitsurlaub**, –e sick leave
der **Kranz**, ⁻e wreath
kratzen scratch
die **Krawat'te**, –n necktie
der **Krebs**, –e cancer, crab
der **Kreis**, –e circle
das **Kreuz**, –e cross
kreuzen cross
kriechen, o, o creep, crawl
der **Kriminalist'**, –en, –en authority on criminal law *or* crime
die **Kriminali'stik** criminology
kriminali'stisch criminological(ly)
die **Kriminal'polizei**, –en detective bureau
der **Kriminal'roman**, –e detective novel
krumm crooked, awry
sich **krümmen** wind, turn
die **Kugel**, –n bullet
kühl cool
die **Kühle** coolness
kühn bold
die **Kultur'**, –en culture
die **Kultur'geschichte**, –n history of civilization
der **Kultur'staat**, –en civilized country
sich **kümmern** (**um**) trouble one's self (about), worry (about)
die **Kunst**, ⁻e art; skill
der **Künstler**, – artist
die **Kurve**, –n curve, turn, bend
kurz short
der **Kurzschluß**, ⁻(ss)e short circuit

L

das **Labyrinth'**, –e labyrinth, maze
lachen laugh
lächeln smile
lächerlich comical, ridiculous
der **Lachs**, –e salmon
die **Lage**, –n position, situation
das **Lager**, – couch, bed
lähmen paralyze
die **Lampe**, –n lamp
das **Land**, ⁻er land, country
die **Landjägertruppe**, –n company of rural policemen
die **Landkarte**, –n map
lang long
lange for a long time
länglich rather long

171

langsam   slow(ly)
längst   long since
sich langweilen   be bored
lassen, ie, a   let; leave; relinquish, let go
Latei'nisch   Latin
die Latte, –n   lath
das Laub, –e   foliage
lauern   observe sharply; lurk
die Laufbahn   career
laufen, ie, au   run, go; hin und her-laufen   pace back and forth
die Laune, –n   humor, mood; whim
der Laut, –e   sound
lauten   sound; run; read
läuten   ring the bell
der Lavastrom, ⁻e   stream of lava
leben   live
das Leben, –   life
das Leben'dig-   living (part)
die Lebensanschauung, –en   view of life
die Lebenskraft, ⁻e   vitality, vital energy
lebhaft   lively, vivid
leblos   lifeless
der Lederhandschuh, –e   leather glove
die Lederjacke, –n   leather jacket
der Lederriemen, –   leather strap
Lederwaren (pl.)   leather goods
leer   empty
leeren   empty
legen   lay
lehmig   loamy, clayey
sich lehnen   lean
der Lehnstuhl, ⁻e   easy chair
der Leib, –er   body
die Leiche, –n   body, corpse
der Leichenzug, ⁻e   funeral procession
leicht   light, easy
leicht-fallen, ie, a   be easy
leiden, i, i   suffer
die Leidenschaft, –en   passion
leider   unfortunately
leise   low, soft, gentle
leisten   do, perform; achieve; sich (dat.) leisten   afford
die Leiter, –n   ladder
lesen, a, e   read; lecture
leserlich   legible
letzt   last
leuchten   light, illumine, shine
der Leuchter, –   candle holder

Leute (pl.)   people
leutselig   genial
liberal'sozialistisch   liberal socialist
das Licht, –er   light
der Lichtstrahl, –en   ray, beam of light
lieb   beloved; mein lieber   my dear fellow
die Liebe   love
lieben   love, like
lieber   rather
das Liebespaar, –e   couple, lovers
das Lied, –er   song
liefern   furnish, supply
liegen, a, e   lie
liegen-bleiben, ie, ie   remain lying
der Liegend-   person lying down
der Ligerzer   Ligerz wine
die Limousi'ne, –n   limousine, closed-in automobile
die Linie, –n   line
link-   left(hand)
links   left
die Lippe, –n   lip
die Liste, –n   list
locken   attract, entice, tempt
locker   loose; locker lassen   let loose, give way
die Logik, –en   logic
logisch   logical
sich lohnen   be repaid; be worth while
der Lorbeerkranz, ⁻e   laurel wreath
löschen   extinguish, put out
lösen   loosen; disconnect; dissolve; solve
sich lösen   become detached, loose
die Lösung, –en   solution, explanation, dénouement
lückenlos   unbroken; complete, consistent
die Luft, ⁻e   air; Luft machen   air, give vent to
luftleer   void of air; luftleerer Raum   vacuum
der Luftzug, ⁻e   draft
die Lust, ⁻e   joy; desire; fancy, inclination
lustig   joyous, happy, merry, gay

M

machen   do, make
die Macht, ⁻e   might, strength,

172

power; **eine fremde Macht** a foreign power

mächtig mighty, powerful; huge

die Mächtigkeit mightiness, size

das Mädchen, – girl

der Magen, – stomach

Magenbeschwerden (*pl.*) stomach trouble, indigestion

der Magenkrank- person with a bad stomach

das Mahl, –e *or* **-̈er** meal

die Mahlzeit, –en mealtime, meal

mahnen warn

makellos immaculate

das Mal, –e time; **das erste Mal** the first time; **ein zweites Mal** a second time; **mit einem Male** all at once, suddenly; **zum zweiten Male** for the second time

malen paint

manchmal sometimes, now and then

der Mann, -̈er man

Mano (*exclamation*) man

der Mantel, -̈ overcoat

der Mantelkragen, – coat collar

die Manteltasche, –n overcoat pocket

die Mappe, –n portfolio

marschie'ren march

die Maschi'ne, –n machine, engine

die Masse, –n mass

mäßigen moderate, check

maßlos boundless

der Maßstab, -̈e measure; standard

die Mathematik' mathematics

die Matte, –n (*dial.*) meadow

matt-setzen checkmate

die Mauer, –n wall

die Maus, -̈e mouse

die Mayonnai'se [majɔnɛːˈzə] mayonnaise

mecha'nisch mechanical

meckern grumble, carp

das Meer, –e sea, ocean

die Mehlsuppe gruel

mehr more

mehrere several

meinen say, think, mean

die Meinung, –en opinion; idea; **seiner Meinung nach** in his opinion

meist most(ly)

meistens for the most part

melancho'lisch melancholy

melden inform, report

sich melden report; answer (the telephone)

der Mensch, –en, –en person, human being, man

die Menschengestalt, –en human form

menschlich human(ly)

das Menschlich-ɪ etwas Menschliches something human

der Merce'des (a German make of automobile)

merkwürdig strange, remarkable

das Messer, – knife

das Metall', –e metal

das Metall'stück, –e piece of metal

die Miene, –n countenance, mien

mieten rent

mißachten disregard; undervalue, disrespect

mißtrauen distrust, suspect

mißtrauisch distrustful, suspicious

mit (*prep.*) with

mit-bringen, a, a bring with

miteinan'der with each other, with one another

mit-fahren, u, a travel with, go with

das Mitglied, –er member

mit-machen participate, join

mit-nehmen, a, o take with

der Mittag, –e noon; **zu Mittag** at noon

die Mitte, –n middle

mit-teilen inform, notify; impart

das Mittel, – remedy; means, measure

mitten midway; **mitten in** in the middle of

die Mitternacht, -̈e midnight

mittler- middle, central

der Moder mould; decay

modern' modern

mögen like; be permitted; **ich möchte** I would like

möglich possible

die Möglichkeit, –en possibility

der Moment', –e moment

der Mond, –e moon

der Montagabend, –e Monday evening

die Moral' morals, morality, ethics;
morale
die Moralität' morality
der Mord, –e murder
die Mordaffäre, –n murder incident, murder
der Mörder, – murderer
das Mörderchen, – little murderer
der Mordfall, –̈e murder case
die Mordlust desire to kill
die Mordnacht, –̈e night of the
murder
die Mordsache, –n murder case
mordverdächtig under suspicion
of murder
morgen tomorrow
der Morgen, – morning, the next
day
morgendlich of the morning, every
morning; where the dawn was
breaking
morsch decaying, rotten
das Motiv', –e motive
der Motor, –to'ren motor
das Motorboot, –e motor boat
müde tired
muffig musty
die Mühe, –n trouble, difficulty,
effort
mühsam toilsome; with difficulty
mühselig difficult, laborious; with
difficulty
der Mund, –e or –̈er mouth
die Munition', –en ammunition
mürrisch sullen
die Muschel, –n (telephone) re-
ceiver or mouthpiece; shell
der Muselmann, –̈er Muslim (ad-
herent to the religion of Islam)
die Musik' music
müssen must, have to
mustern examine
mütterlicherseits on the mother's
side

N

nach (prep.) to, toward, after;
according to
nachdem (sub. conj.) after
nach·denken, a, a think, ponder
nachdenklich pensive, thoughtful
nach·fahren, u, a follow (in a car)
die Nachforschung, –en investigation
nach·fragen inquire about

nach·geben, a, e yield, give in
nach·gehen, i, a follow; follow
up, investigate
nachher after, afterwards
nach·kommen, a, o follow; accede
to
nach·lassen, ie, a subside, slacken
nachlässig careless; indolent
der Nachmittag, –e afternoon
nachmittags in the afternoon
nach·prüfen verify
die Nachricht, –en news, information
nach·schauen look, look at, toward
nach·schicken send on, forward
nach·schreien, ie, ie shout after
nach·sehen, a, e look after
nach·spüren trace, trail
nächst next, nearest
das Nächstliegend- the thing nearest at hand
die Nacht, –̈e night
nächtlich nocturnal
die Nachtluft night air
nach·trotten jog along after
nachts at night
nach·weisen, ie, ie prove
der Nacken, – nape of the neck
die Nadel, –n needle
nah near
die Nähe nearness, vicinity; in der
Nähe near to
näher nearer
sich nähern approach
näher·schreiten, i, i step closer,
approach
der Name, –ns, –n name
nämlich namely; as a matter of
course; same; to be sure
der Narr, –en, –en fool
die Nase, –n nose
naß wet
die Nationalität', –en nationality
der National'rat, –̈e member of
the Swiss Parliament, the National Council (similar to House
of Representatives)
die Natur', –en nature; disposition, temperament
natür'lich natural(ly)
der Nebel, – fog, mist, haze
der Nebelfetzen, – particle of
mist
neben (prep.) beside
nebenan' close by

174

das **Nebenhaus,** ⁝er house next door

der **Negerhäuptling, –e** Negro (or African) tribal chief

nehmen, a, o take; **zu sich nehmen** take into one's keeping

nennen, a, a name, call

sich **nennen, a, a** call one's self

nervös' nervous

das **Nest, –er** nest; small town, village

neu new; **aufs neue** anew; **von neuem** anew

der **Neuenburger** Neuenburg (Neufchâtel) wine

neuerlich renewed; recent(ly)

neugierig curious, inquisitive

die **Neuigkeit, –en** news, piece of news

der **Neumond, –e** new moon

nicht not

nichts nothing

das **Nichts** nothing, nothingness

nichtschweizerisch not Swiss, other than Swiss

nicken nod

nie never

nieder low; down

sich **nieder·beugen** bend down, stoop

nieder·drehen roll down (a window)

nieder·drücken press down

nieder·fallen, ie, a fall, fall down

die **Niederlage, –n** defeat, overthrow

sich **nieder·lassen, ie, a** sit down

nieder·reißen, i, i tear down

nieder·schauen look down

nieder·schmettern strike down; crush; depress

nieder·sinken, a, u sink down, drop

niedrig low

niemand no one

der **Nihilist', –en, –en** nihilist (one who does not believe in laws or institutions)

nippen sip

noch yet, still; **noch einmal** once more; **noch immer** still

der **Norden** North

notie'ren make a note, note

nötig necessary; **nötig haben** need

die **Notwehr** self defense

notwendig necessary

die **Notwendigkeit, –en** urgency, necessity

nüchtern sober; reasonable, calm

nun now, well; **nun (eben) einmal** as matters stand

nur only

nützen be of use, be profitable; use

nutzlos useless

O

ob (sub. conj.) whether; (sometimes used to introduce a question)

oben above, on the top

obenauf'·türmen pile on top

das **Oberland** highland(s); **Berner Oberland** the Bernese Highlands

der **Oberst, –en** or **–s, –en** colonel

obgleich' (sub. conj.) although

objektiv' objective

obschon' (sub. conj.) although

der **Ochse, –n, –n** ox, bull

öde desolate, deserted

oder (coord. conj.) or

offen open

offenbar evident

öffentlich public

die **Öffentlichkeit** public; **in aller Öffentlichkeit** right in public

offiziell' official

öffnen open

sich **öffnen** be opened, open

oft often

öfters often

ohne (prep.) without

die **Ohnmacht, –en** faint; **in Ohnmacht fallen** faint

das **Ohr, –en** ear

die **Ohrfeige, –n** box on the ear, slap in the face

operie'ren operate (on)

das **Opfer, –** victim; sacrifice; **zum Opfer fallen** fall a victim (to)

ordentlich regular, proper

ordenübersät studded with decorations (or orders of honor)

ordnen put in order, arrange

die **Ordnung, –en** order; **in Ordnung sein** be in order, be all right

orientie'ren orient; inform
sich orientie'ren orient one's self
das Ornament', –e ornament
das Ordinations'zimmer, – surgery
(room)
der Ort, –e place, spot
ortsansässig resident; stationary
der Overall, –s raincoat

P

packen pack; seize
das Papier' –e paper
der Papier'stoß, ⸚e pile, bundle
of papers
die Pappel, –n poplar
der Park, –e or –s park
parken park, be parked
die Partei', –en political party
die Partei'fraktion, –en (political) party faction, group within
a political party
der Partei'freund, –e political associate
die Partei'politik party politics
das Parte'rre, –s ground floor
der Paß, ⸚(ss)e passport
passen fit, suit
die Paste'te, –n pastry
die Pause , –n pause
pausenlos without pause
peinlich embarrassing
peinlicherweise in an embarrassing way
peitschen whip, lash
das Peitschen whipping; crack of
a whip
die Pension', –en [pāsĭo:n']
tourist home, boarding house
per (prep.) by
die Person', –en person
persön'lich personal
die Persön'lichkeit, –en personality
der Pfarrer, – clergyman, minister
die Pfeife, –n pipe
pfeifen, i, i whistle
der Pfeil, –e arrow
pfeilschnell swift as an arrow
der Pfennig, –e penny
das Pferd, –e horse; zu Pferd(e)
mounted
das Pflaster, – pavement
pflegen nurse, take care of; be
accustomed to
die Pflicht, –en duty

die Pfütze, –n puddle
phanta'stisch fantastic
die Philosophie', –n philosophy
die Photographie', –n photograph;
photography
die Photokopie', –n photographic
copy
das Physikum, –ka pre-medical
examination
der Pianist', –en, –en pianist
der Planet', –en, –en planet
plätschern splash
die Platte, –n plate, tray
der Platz, ⸚e place, square; am
Platze suitable, pertinent; Platz
nehmen take a seat
plötzlich sudden(ly)
poe'tisch poetic
die Poin'te, –n [pŏɛ̃'tə] point
(of a joke)
der Pol, –e pole (geographical)
die Politik' politics
poli'tisch political
die Polizei', –en police
der Polizei'direktor, –en police
commissioner
der Polizei'fachmann, –leute police expert
der Polizei'leutnant, –s police
lieutenant
Polizei'männer (pl.) men connected with the police
das Polizei'revier, –e police station
der Polizei'spitzel, – secret police agent
der Polizei'wagen, – police car
der Polizist', –en, –en policeman
Pommes frites [pɔm frit' (pɔm
fri:t')] French fried potatoes
die Pore, –n pore
das Portal', –e portal, door
die Posau'ne, –n trombone
die Pose, –n pose
die Position', –en position
die Positur', –en (defensive) attitude, posture
der Posten, – position, post
die Postkarte, –n postcard
die Potenz', –en power, potential
prallen strike against
prasseln patter, clatter
predigen preach
preisgegeben exposed, abandoned
pressen press

176

primitiv′ primitive

privat′ private, confidential; privately, in a private capacity

der **Privat′dozent,** —en, —en university lecturer (without a regular appointment or salary)

die **Privat′person,** —en private person

die **Privat′sache,** —n private matter

das **Problem′,** —e problem

das **Profil′,** —e profile

das **Programm′,** —e program; special paper read annually in German schools

das **Protokoll′,** —e (official) report, record; zu **Protokoll geben** report, put in the report

proviso′risch temporary

prüfen test, examine, check

die **Publikation′,** —en publication

das **Pult,** —e desk

der **Punkt,** —e point; **Punkt acht** at eight sharp

das *or* der **Pyja′ma,** —e pyjamas

Q

der **Qualm** thick smoke

quellen, o, o flow, issue, well

R

der **Rachen,** — jaws

das **Radies′chen,** — radish

der **Rand, ̈er** edge

rasch quick, swift

rasen rage; (*coll.*) speed

die **Rasse,** —n race, breed

der **Rat** advice, counsel; **auf den Rat hin** on the advice (of)

raten, ie, a advise, guess

das **Rätsel,** — riddle, puzzle

rätselhaft puzzling, enigmatic

das **Raubtier,** —e beast of prey

der **Rauch** smoke

rauchen smoke

die **Rauchwolke,** —n cloud of smoke

der **Raum, ̈e** room, space

rauschen rush, roar

sich räuspern clear one's throat

reagie′ren react

real′ real

der **Rebberg,** —e vineyard

die **Rebe,** —n vine

die **Rebmauer,** —n vineyard wall

die **Rechenschaft** account; **Rechenschaft geben** account for

rechnen calculate, figure, reckon

die **Rechnung,** —en reckoning, calculation; bill; sum

recht right(hand); proper, fitting; correct; **es ist recht** I agree; **recht haben** be right; **zum Rechten sehen** see that everything is in order

das **Recht,** —e right, privilege

die **Recht-** right (side); right hand; **zu ihrer Rechten** to their right

das **Rechteck,** —e rectangle

rechtfertigen justify

rechtlich legal

rechts right; **rechts von ihm** to his right

rechtzeitig punctual, on time

sich recken stretch one's self

reden speak, converse

die **Redensart,** —en figure of speech, phrase

reformie′ren reform

der **Regen** rain

die **Regenflut,** —en torrent, deluge of rain

der **Regenmantel, ̈** raincoat

die **Regennacht, ̈** rainy night

die **Regie′rung,** —en government

regnen rain

die **Reiberei′,** —en friction, hostility

reich rich

reichen reach

reichlich ample, abundant

rein pure

reingefegt "swept clean" (of clouds), clear

reingewaschen washed clean (by rain), rain-freshened

der **Reis** rice

die **Reise,** —n journey, trip

reisefertig ready for a trip

reizen attract, fascinate, excite

die **Rekla′me,** —n advertisement; advertising, propaganda

die **Rekru′tenschule,** —n recruit school

der **Respekt′** respect

das **Restaurant′,** —s restaurant

das **Resultat′,** —e result

retten save, rescue

sich retten save one's self

die **Rettung,** —en rescue; escape
der **Rettungsversuch,** —e rescue attempt
der **Revol'ver,** — revolver
die **Revol'verkugel,** —n revolver bullet
richten set right, arrange; aim; judge
sich **richten** be directed; stand erect
der **Richter,** — judge
richtig correct, accurate; proper
der **Richtig-** right one
das **Richtig-** right thing
die **Richtung,** —en direction
riesenhaft gigantic, immense
die **Riesenportion,** —en gigantic helping
riesig gigantic, immense
der **Ring,** —e ring
die **Rocktasche,** —n jacket pocket
die **Rolle,** —n role, part
rollen roll, rotate
der **Roman',** —e novel
rostig rusty
das **Rot** red
rothaarig red-haired
rotunterlaufen bloodshot
die **Route,** —n route
rücken move
der **Rücken,** — back
die **Rückfahrt,** —en return journey
die **Rücksicht** respect, regard, consideration; **Rücksicht nehmen** show consideration
die **Rücksichtnahme** consideration
rücksichtslos reckless; ruthless
der **Ruf,** —e call, shout; exclamation
rufen, ie, u call, cry, shout, exclaim
die **Ruhe** quiet, rest, calm; **in Ruhe lassen** leave in peace
ruhig quiet, calm
sich **rühren** stir, move
der **Rumä'ne,** —n, —n Roumanian
rund round; **rund um . . . herum** around
rundlich plump
runzeln wrinkle
rütteln shake

S

der **Säbel,** — sword
sabotie'ren sabotage

die **Sache,** —n thing, object; matter, affair
sachlich pertinent, matter-of-fact; to the point
der **Saft,** —e juice
die **Sage,** —n saga, myth, legend
sagen say, tell
die **Sägerei',** —en sawmill
der **Salat',** —e salad
die **Salzgurke,** —n brine pickle
sammeln collect, gather
sich **sammeln** collect
die **Sammlung,** —en collection; gathering (of people)
sanft gentle
die **Sardi'ne,** —n sardine
der **Sarg,** —e coffin
der **Satz,** —e sentence
sauber clean, neat
saufen, o, o drink (alcohol to excess)
die **Säule,** n— pillar, column
die **Schachfigur,** —en chessman
der **Schachspieler,** — chess player
schaffen do, accomplish; provide
der **Schaft,** —e handle
schamlos shameless
scharf sharp
die **Schärfe,** —n sharpness
das **Schatten,** — shadow
schattenhaft shadowy, indistinct
schätzen value, prize, esteem
schauen look
das **Schauspiel,** —e spectacle; scene; drama
die **Scheibe,** —n window pane
der **Schein,** —e shine, light, gleam
scheinbar seeming(ly), apparent(ly)
scheinen, ie, ie seem, appear
der **Scheinwerfer,** — headlight
das **Scheinwerferlicht** illumination from the headlights
die **Schenke,** —n tavern, bar
der **Scherz,** —e joke; **zum Scherz** as a joke
schicken send
schieben, o, o shove, push; **auf die Seite schieben** push to the side
sich **schieben,** o, o push, slide, move one's self
schief oblique, slanting; (coll.) lopsided
schießen, o, o shoot, fire

das Schiff, –e ship
die Schika'ne, –n chicanery, tricks; mit allen Schikanen with all the frills
der Schild, –e shield
das Schild, –er signboard; name plate
schimmern shine, glitter, glimmer
der Schirm, –e umbrella
der Schlächter, – butcher
der Schlaf sleep
die Schläfe, –n temple
schlafen, ie, a sleep
das Schlafzimmer, – bedroom
der Schlag, ⸚e blow, strike, slap; bang, slam; mit einem Schlag all at once
schlagen, u, a strike, hit; slam
das Schlagwort, ⸚er catchword, slogan
die Schlange, –n snake
das Schlangenmesser, – knife shaped like a snake
schlau sly, cunning
schlecht bad
das Schlecht- bad, evil
schleifen slide; drag; trail
schließen, o, o close; lock
sich schließen, o, o be closed, close
schließlich final(ly), ultimate(ly)
schlimm bad
die Schlinge, –n sling
das Schloß, ⸚(ss)er lock; ins Schloß fallen close, snap to (a door)
die Schlucht, –en ravine, gully
der Schluck, ⸚e draught, mouthful
der Schlucker: armer Schlucker poor wretch
der Schlüssel, – key
das Schlußlicht, –er tail light
schmal narrow; slender
der Schmerz, –en pain
schmerzfrei free of pain
schmutzig dirty, filthy, muddy
schmutzig-braun dirty brown, muddy brown
schnappen snap
der Schnaps, ⸚e liquor, brandy
der Schnee snow
schneiden, i, i cut
schnell swift, quick
die Schnelligkeit, –en swiftness, speed

schnellverfaulend rapidly decaying
die Schnüffelei, –en snooping (around)
schon already, so far; certainly, surely
schön beautiful; fine, nice
der Schopf, ⸚e top of the head; forelock; beim Schopf fassen seize by the forelock
schräg slanting
der Schrecken, – fright, terror
schrecklich frightful, terrible
das Schrecklich-: nichts Schreckliches nothing frightful
der Schrei, –e shout, scream
schreiben, ie, ie write
der Schreibtisch, –e desk
schreien, ie, ie cry, scream
der Schriftsteller, – author, writer
schriftstellerisch literary
der Schritt, –e step, pace; im gleichen Schritt at the same pace; Schritt für Schritt step by step
der Schuh, –e shoe
der Schulbube, –n, –n schoolboy
schuldig indebted; guilty
der Schulfreund, –e "school friend," former schoolmate
die Schulter, –n shoulder
die Schürze, –n apron
der Schuß, ⸚(ss)e shot
schütteln shake
sich schütteln shiver
schützen shelter, protect
schutzlos unprotected
schwach weak; dim
der Schwaden, – exhalation, cloud (of smoke)
schwanken rock, toss; stagger
der Schwarm, ⸚e swarm
schwarz black
das Schwarz- black, blackness; ins Schwarze treffen hit in the black, hit the bull's-eye
schwarzgekleidet dressed in black
schwarz-rot black and red
schweigen, ie, ie be silent
das Schweinefleisch pork
der Schweiß sweat, perspiration
schweißig sweaty
der Schweizer, – Swiss
der Schweizerdegen, – Swiss warrior, Swiss hero

179

schweizerisch Swiss
der Schweizerkäse, – Swiss cheese
die Schwelle, –n threshold
schwer heavy; difficult
schwerwiegend weighty, serious, grave
die Schwiegermutter, ⸚ mother-in-law
schwierig difficult
die Schwierigkeit, –en difficulty
schwitzen sweat, perspire
schwimmen, a, o swim
schwinden, a, u vanish, fade away
der See, –n lake
die Seele, –n soul, mind, spirit
die Seenot, ⸚e distress at sea; Schiff in Seenot ship in distress
sehen, a, e see, look; face, look (out on)
sich sehen, a, e see each other
die Sehnsucht longing, yearning
sehr very
sein be
seinerseits on, for his part
seit (prep. and sub. conj.) since; seit einiger Zeit for some time; seit längerer Zeit for a rather long time; seit Tagen for days
die Seite, –n side; page
seitlich at, to the side
die Sekun'de, –n second
selber self
selbst self; even; von selbst "from self," automatically
der Selbstmord, –e suicide
selbstverständlich self-evident, obvious(ly)
selten seldom, rare
seltsam strange, unusual
das Seltsam- strangeness, rarity
senken lower
sich senken sink
senkrecht perpendicular
der Separatist', –en, –en seceder
servie'ren serve
der Sessel, – armchair
setzen put, place, set; wager; fix, put up; in Gang setzen set in motion, start
sich setzen sit down; sich zu ihnen setzen sit down with them
seufzen sigh
sicher safe; deliberate; certainly, surely

die Sicherheit security; certainty
die Sicherung, –en fuse; zerstörte Sicherung burnt out fuse
sichtlich visible, apparent
der Sieg, –e victory
silbern silver
die Silhouet'te, –n silhouette
der Singsang sing-song; bad singing
sinken, a, u sink; drop, fall
der Sinn, –e sense; keinen Sinn haben be senseless, be purposeless
sinnlos senseless, thoughtless, foolish
sitzen, a, e sit
der Skandal', –e scandal; uproar
skandalös' scandalous
skeptisch sceptical
so so, thus, this way; such a; so einer such a person
sofort' immediately
sogar' even
sogleich' at once, immediately
der Sohn, ⸚e son
soigniert' [soaɲiːrt'] well-groomed
solch such
der Soldat', –en, –en soldier
solid' solid, substantial; reliable; proper
sollen should, be obliged to
der Sommer, – summer
der Sommertag, –e summer day
sonderbar strange, peculiar
sondern (coord. conj.) but (on the contrary)
die Sondersitzung, –en special session
die Sonne, –n sun
das Sonnenlicht sunlight
sonntäglich for Sunday
der Sonntagmorgen, – Sunday morning
sonst otherwise; formerly; sonst was something else
sorgen be anxious, worry; attend to, take care (of)
sorgfältig careful(ly); scrupulous
die Sorte, –n sort, kind, type
soviel so, as far as
soweit so far (as)
sowieso, anyway, in any case
sowohl as well as; sowohl . . . wie (als) auch not only . . . but also
sozusagen so to speak

spähen scout; be on the lookout; watch; peek; look

spannen strain, stretch; make tense

spannend exciting

die Spannung, –en tension

spärlich scanty, sparse

der Spaß, ⸚e joke; amusement, fun

spät late

der Spätherbst, –e late fall

der Spazier'gang, ⸚e walk, stroll

der Spazier'gänger, – stroller

die Speise, –n food

speisen dine

der Speisewagen, – dining car

der Spiegel, – mirror

das Spiegelbild, –er mirror-image

sich spiegeln be reflected

das Spiel, –e play, game; auf dem Spiel stehen be at stake

spielen play

sich spielen be played

der Spion', –e spy

spionie'ren spy

die Spitze, –n point; top, head

der Spott scorn, ridicule

spöttisch mocking; scornfully

die Sprache, –n language

sprechen, a, o speak (to)

die Sprosse, –n rung

die Spur, –en trace, track, sign, clue

spüren feel, perceive, be conscious of

der Staat, –en state, country

die Stadt, ⸚e city

stadtbernisch belonging to the city of Bern

die Stadtmusik city band

die Stadtpolizei, –en municipal police; Stadtpolizei Bern Bern municipal police

der Stamm, ⸚e stem, (tree) trunk

stammen "stem" (from), come from, be derived from

der Stammtisch, –e circle of dinner companions

der Stand, ⸚e situation, state, condition, position

die Stange, –n bar

stark strong

starr benumbed

starren stare, look fixedly

stati'stisch statistical

statt·finden, a, u take place, occur

stattlich stately

sich stauen become congested, jammed

staunen be astonished

stechen, a, o pierce, stab, puncture

stecken put, set, fix

stehen, a, a stand; be situated; be; offen stehen be open

stehen·bleiben, ie, ie stop; remain standing

stehen·lassen, ie, a leave standing

die Stehlampe, –n floor lamp

stehlen, a, o steal

steif stiff

steigen, ie, ie climb, rise, ascend

steigend increasing

sich steigern become more intense

steil steep

der Stein, –e stone

die Stelle, –n place

stellen put, place, set; arrest; corner, bring to bay

sich stellen take one's stand

der Stellvertreter, – deputy, substitute

stenographiert' written in shorthand

der Stern, –e star

Sternenhagel "star-hail" (exaggerated exclamation somewhat stronger than "My stars!")

stetig continuous, steady

stets always, continually

das Steuer, – steering wheel

die Steuer, –n tax

steuern steer

der Stich, –e stab; shooting pain

das Stichwort, ⸚er catchword, key word, cue

still quiet

stillen quiet, soothe; appease

die Stimme, –n voice

stimmen dispose, incline; das stimmt that's right

das Stimmengewirr confusion of voices, babble

stinken, a, u (nach) stink (of), smell (of)

die Stirne, –n forehead, brow

der Stock, ⸚e or –werke floor, story; erster Stock first floor above the ground floor

stocken   stop, hesitate
stöhnen   groan, moan
stolpern   stumble
stolz   proud
stopfen   fill (a pipe)
stoppen   stop
stören   disturb
die Störung, −en   disturbance
stoßen, ie, o   push, strike, hit;
   stoßen auf   come upon
der Strahl, −en   beam, ray
strahlen   beam, shine
die Strähne, −n   strand (of hair)
die Straße, −n   road, highway,
   street
die Straßenlampe, −n   street light
die Straßenmitte, −n   middle of
   the road
der Straßenrand, ⸚er   side of the
   road, shoulder
die Straßenseite, −n   side (half) of
   the road
die Strecke, −n   space; stretch of
   road
sich strecken   stretch one's self
das Streichholz, ⸚er   match
streifen   touch lightly
der Streit, −e   argument, dispute,
   fight
streiten, i, i   argue, quarrel
streng   severe, strict
der Strom, ⸚e   stream
strömen   stream, flow
die Stube, −n   room
das Stück, −e   piece
der Student', −en, −en   student
studie'ren   study
der Studiert'−   university graduate
der Stuhl, ⸚e   chair
die Stunde, −n   hour; **Stunde um**
   Stunde   hour after hour
stundenlang   for hours
der Sturm, ⸚e   storm
sturmen   storm
stürmisch   stormy
stürzen   throw (down); fall,
   plunge; rush
sich stützen   support one's self
suchen   seek
Südamerika   South America
sympa'thisch   congenial

T

der Tadel   blame, censure
die Tafel, −n   plaque, plate

der **Tag**, −e   day; **der letzte Tag**
   Doomsday
das Tagebuch, ⸚er   diary, journal
der Tagesanbruch, ⸚e   daybreak
talentiert'   talented
tanken   fill up; **tanken lassen**
   have the gasoline tank filled
die Tankstelle, −n   gasoline station
die Tanne, −n   fir tree
der Tanz, ⸚e   dance
tänzeln   make dance-like move-
   ments, frisk about
tanzen   dance; bob
tappen   grope (in the dark)
die Tasche, −n   pocket
der Taschenkalen'der, −   pocket
   appointment book
die Taschenlampe, −n   flashlight
tasten   touch, feel, grope
die Tat, −en   deed, act
der Täter, −   culprit, perpetrator
der Tatort, −e   scene of the
   crime
die Tatsache, −n   fact
die Taube, −n   dove, pigeon
tauchen   dip, plunge, immerse
taumeln   stagger, reel
sich täuschen   deceive one's self;
   be mistaken
tausendmal   a thousand times
der *or* das Taxi, −(s)   taxi
der Teil, −e   part, share
der Telegramm'stil, −e   telegram
   style
das Telephon', −e   telephone
das Telephon'buch, ⸚er   telephone
   directory
telephonie'ren   telephone
der Teppich, −e   carpet
die Terras'se, −n   terrace
teuer   expensive
der Teufel   devil
teuflisch   devilish, diabolical
die These, −n   thesis, assertion,
   argument
ticken   tick
tief   deep; profound; low; far
tiefblau   deep blue
die Tiefe, −n   depth; valley
tiefliegend   deep-set, sunken
das Tier, −e   animal
der Tierkenner, −   expert on animals, judge of animals
tierliebend   animal loving

der Tiger, – tiger
tippen touch lightly, tap
die Tira'de, –n tirade
der Tisch, –e table
die Tischplatte, –n table top
der Titel, –n title
der Tod, –e death
todkrank deathly ill
der Todkrank– person who is deathly ill, person dying of an illness
tödlich deadly
todmüde dead tired
tollkühn foolhardy; daring
die Toma'te, –n tomato
der Ton, –e tone, sound, note
tonlos soundless
das Tor, –e gate
tot dead
der Tot- dead person
töten kill
totenbleich deathly pale
der Totengräber, – grave-digger
die Totenkammer, –n death room
die Totenstille, –n dead silence
der Totenwächter, – participant in a wake
die Tragbahre, –n stretcher
tragen, u, a carry; wear
der, die or das Tram, –s streetcar
trauen trust
die Trauergemeinde, –n group of mourners
der Traum, –e dream, fancy, illusion
träumen dream
traurig sad; aufs traurigste most grievously, most dismally
die Traurigkeit sadness, melancholy
treffen, a, o hit; meet, encounter
treiben, ie, ie drive; press, urge; carry on, practice
sich trennen separate
die Treppe, –n stairway
treten, a, e walk, step
das Tribunal', –e tribunal, high court
der Trieb, –e impetus, driving force, drive, impulse
triefen, reg. or o, o drip
trinken, a, u drink
das Trinkgeld, –er tip
der Triumph', –e triumph
triumphie'rend triumphant

trocken dry
trommeln drum
Tropen (pl.) tropics
trostlos hopeless
der Trotz defiance, obstinacy
trotzdem nevertheless, in spite of it
trotzig defiant
trüb dull, opaque, clouded over
die Trüffel, –n truffle
die Trunkenheit drunkenness
der Tscheche, –n, –n Czech
das Tuch, –er piece of cloth
tun, a, a do
die Tür(e), –en door
der Türke, –n, –n Turk
türkisch Turkish
die Türöffnung, –en door opening
der Twanner Twann wine

U

üben practice
über (prep.) over, about, above; concerning
überaus excessively, extremely
überbli'cken glance over, take in at a glance
überbrü'hen scald
überdeutlich with exaggerated distinctness
übereinan'dergetürmt towering above one another
überfal'len, ie, a attack
das Überfallkommando, –e emergency squad
überflüssig superfluous
überflu'tet flooded
überfüh'ren convict
überfüllt' overfilled, crowded
überge'ben, a, e deliver to, hand over, turn over (to)
der Übergebildet- over-educated person, sophisticate
überge'hen, i, a pass by, pass over
überhäuft' loaded, piled (up, upon, up with)
überhaupt' at all, on the whole, anyway
überho'len overtake
überkom'men, a, o overcome; befall
überlau'fen, ie, au run over, spread over

183

überle'ben survive
sich überle'gen consider, think over, ponder on
die Überle'genheit superiority
die Überle'gung, —en reflection, consideration, deliberation
überman'nen overcome
übermenschlich superhuman
der Übermut high spirits, recklessness, arrogance
übernatürlich supernatural
überneh'men, a, o take charge of, take over
überprü'fen examine, scrutinize
überque'ren cross
überra'gen extend beyond
überrascht' surprised
die Überra'schung, —en surprise, astonishment
übersprin'gen, a, u leap over; pass over, omit
überste'hen, a, a survive
überstürzt' hasty, precipitate
übertö'nen drown out (usually a sound)
übertrie'ben exaggerated, excessive
überwa'chen watch over, watch
überzeu'gen convince
überzeugt' convinced
übrig remaining, other, left; die übrigen the others, the rest; im übrigen for the rest, moreover
das Ufer, — (river) bank
die Uhr, —en clock, watch
um (prep.) around, about; at (time); ein Fenster um das andere one window after the other; um so gewichtiger all the more important; um . . . zu in order to
sich um·drehen turn
umflie'ßen, o, o flow around, encircle
umgan'gen outflanked, eluded
umge'ben, a, e surround
um·gehen, i, a go around
sich um·kehren turn around
umklam'mern clutch; embrace
um·kommen, a, o die
umrahmt' framed, surrounded
der Umriß, —(ss)e outline
sich um·schauen look around
sich um·sehen, a, e look around

um·sinken, a, u sink down, fall down
umsonst' in vain
umspie'len play about, on
der Umstand, ⸚e circumstance; unter Umständen under certain circumstances
umstellt' surrounded
der Umweg, —e roundabout way
sich um·wenden reg. or a, a turn around
um·werfen, a, o overturn, upset
umwi'ckeln wrap around, up
der Unabhängig- independent
unangenehm disagreeable, unpleasant
das Unangenehm- disagreeable part, unpleasant part
die Unannehmlichkeit, —en unpleasantness; annoyance
unaufhaltsam irresistible
unaufhörlich unending, incessant
unbändig headstrong; (coll.) excessive
unbarmherzig unmerciful, harsh
unbedingt absolute(ly), unconditional(ly)
unbehindert unhindered
unbeirrbar unruffled, imperturbable
unbekannt unknown
der Unbekannt- unknown person
unbeweglich immovable, motionless
unbewegt motionless
unbewohnt uninhabited, vacant
undeutlich indistinct
undurchdringlich impenetrable
die Unebenheit, —en unevenness
unendlich endless, unlimited
unerbittlich inexorable, relentless
unerhört unheard of
unerkennbar unrecognizable, indistinct, discernable
unerklärlich inexplicable
die Unermeßlichkeit boundlessness
unersättlich insatiable
unerschrocken fearless
unerschütterlich unshakeable, imperturbable
unerträglich unbearable
unerwartet unexpected
der Unfall, ⸚e accident, misfortune

unförmig shapeless
ungeahndet unpunished
ungeahnt unsuspected
ungefähr about, approximately
ungefährlich not dangerous, harmless
ungeheuer monstrous; frightful, frightening; huge, enormous
das Ungeheuer, – monster
ungenügend unsatisfactory; insufficient
ungepflügt unploughed
ungeschickt clumsy, inept
das Ungestüm violence, fury; impetuousness
das Ungetüm, –e monster, monstrosity
ungewiß uncertain
ungewöhnlich unusual
ungewohnt unusual
ungezwungen unconstrained
unglaublich unbelievable
unheimlich weird
unhöflich impolite, rude
unhörbar inaudible
die Uniform', –en uniform
die Universität', –en university
die Unkenntnis, –se ignorance; incognizance
unmarkant undistinguished
unmerklich imperceptible
unmittelbar immediately
unmöglich impossible
die Unmöglichkeit, –en impossibility
unpathetisch without expression
das Unrecht injustice, wrong; unrecht haben be wrong
unruhig restless
unselig unhappy, unfortunate, wretched
unsereiner people like us
unsicher insecure, unsteady
unsichtbar invisible
die Unsichtbarkeit invisibility
der Unsinn nonsense
unten below; da unten down there
unter (prep.) under, among, by
der Unterarm, –e forearm
unterbre'chen, a, o interrupt
unterdrü'cken suppress, restrain
der Unterge'ben– subordinate
unter·gehen, i, a go down, set (the sun)

sich unterhal'ten, ie, a converse
unterlas'sen, ie, a leave off; omit; neglect
die Unterle'genheit inferior position; inferiority
der Untermieter, – roomer (literally, subtenant)
unterneh'men, a, o undertake
der Unterneh'mer, – entrepreneur
die Unterneh'mung, –en undertaking, project
die Unterre'dung, –en conversation, discussion
unterrich'ten instruct
unterschätzt' underrated, undervalued
unterschei'den, ie, ie distinguish
der Unterschied, –e difference, distinction
unter·sinken, a, u sink; diminish; give way
untersu'chen investigate, examine
die Untersu'chung, –en investigation, examination
die Untersu'chungsmethode, –n method of investigation
der Untersu'chungsrichter, – magistrate
unter·tauchen submerge; disappear
die Unterwelt underworld, Hades
unverfroren unabashed, imperturbable
unverletzt unhurt, uninjured
das Unvermutet– unexpected(ness)
unverrichtet unaccomplished, not completed; unverrichteter Dinge without having achieved one's purpose
unverschlossen unlocked
unverständlich incomprehensible
unverwandt unmoved; resolute
die Unvollkommenheit, –en imperfection, defect
unvorhergesehen unforseen
unvornehm unrefined
unvorsichtig careless; unwise
unwillkürlich involuntary; automatically, involuntarily
unwirklich unreal
unwissenschaftlich unscientific
uralt very old, aged
der Urlaub, –e leave
das Urteil, –e verdict, sentence

185

V

väterlich fatherly; in a fatherly manner

die Vaterstadt, ∸e home city

sich verabschieden take leave of

verächtlich contemptuous(ly)

verändert changed

die Veränderung, –en change

veranlassen cause, induce

verbergen, a, o hide, conceal

sich verbeugen bow

verbieten, o, o forbid

verbinden, a, u join, connect; bandage

sich verbitten, a, e refuse to tolerate

verblüfft amazed, dumbfounded

verborgen hidden; **im Verborgenen** clandestinely, unnoticed

verboten forbidden

das Verbrechen, – crime

die Verbrecherabwehr "defense against criminals," crime prevention

verbrecherisch criminal

verbummelt fallen into idleness, "gone to the dogs"

der Verdacht, –e suspicion; **im Verdacht haben** have under suspicion

verdächtigen cast suspicion on; suspect

verdanken be indebted, be obliged

verdeutlichen make clear, elucidate

sich verdichten become thick

verdienen earn; deserve

verdutzt bewildered

verehrt honored; **verehrter** (a form of formal address)

die Vereinigung, –en union, association, club

verfahren, u, a act, behave; proceed

das Verfahren proceeding, conduct

verfallen, ie, a decay, go to ruin; **verfallend** dilapidated

verfault rotten

verflucht cursed, confounded

verfolgen pursue

die Verfügung, –en disposal; disposition; order, instruction; **zur Verfügung stellen** place at one's disposal

verführen lead astray, tempt

vergeblich futile; in vain

vergessen, a, e forget

vergittert latticed, grated

vergleichen, i, i compare

vergoren fermented

vergraben, u, a bury

vergrößert enlarged; **zweimal vergrößert** twice its normal size

verhaften arrest

die Verhaftung, –en arrest

verhallen fade away, become fainter and fainter

das Verhalten behavior

das Verhältnis, –se relation

verhandeln transact, discuss, negotiate

die Verhandlung, –en negotiation, proceeding

verheimlichen hide, conceal

verhindern prevent

das Verhör, –e hearing, cross examination

verhören question, interrogate

verkehren associate with, visit

sich verkriechen, o, o sneak off

verkürzen shorten, diminish

verlangen demand, ask for; desire; require

verlassen, ie, a leave

verlassen (*p. p.*) deserted; lonely

verlegen embarrassed

die Verlegenheit, –en embarrassment

verlocken entice, allure

verloren lost, forlorn

vermeiden, ie, ie avoid

vermögen, o, o be able to

die Vermutung, –en conjecture, hunch

vernehmen, a, o perceive; learn; examine, question

verneinen answer in the negative, say no

vernichten destroy

die Vernunft reason; judgment

verpflichten oblige

sich verraten, ie, a betray one's self

verregnet wet with rain

verreisen go on a journey; **dienstlich verreisen** go away on official business

verrostet rusted, rusty

verscharrt buried (hastily or secretly)
verschieden different, various
verschlafen sleepy
verschließen, o, o close, lock
verschlingen, a, u swallow, gulp down
verschlossen closed, locked; uncommunicative, reserved
verschlucken swallow
verschonen spare
verschränkt crossed, folded (arms)
verschweigen, ie, ie keep secret; pass over in silence
verschwinden, a, u disappear, vanish
verschwommen hazy
versehen, a, e provide, equip
versichern assure
versinken, a, u sink
die Version', –en version
versöhnen reconcile
die Verspätung, –en delay
versprechen, a, o promise
sich versprechen, a, o expect much of
verständigt informed
verständlich understandable
sich verstärken strengthen, increase
verstehen, a, a understand
sich verstellen pretend
verstorben dead, deceased
verstrickt entangled
verstummen become silent
versuchen try, attempt; tempt
die Versuchung, –en temptation
vertauschen exchange, change
verteidigen defend
verteufelt bedeviled, devilish
vertieft absorbed (in)
vertrauen trust, have confidence in
der Vertreter, – representative
verunglückt unsuccessful, abortive
verurteilen condemn, sentence
verurteilungswert condemnable
verwachsen outgrow; grow together
der Verwaltungspräsident, –en, –en (administrative) president
verwandeln (in) change (into)
verwehen blow away, scatter
verweisen (auf) refer (to)
verwelkt withered, wilted
verwickelt involved

verwirrt perplexed
die Verwirrung, –en confused; embarrassment
die Verworrenheit, –en confusion, disorder
sich verwundern wonder
verwundert wonderingly
die Verwunderung surprise, astonishment
verzagt faint-hearted, timorous
verzehren consume
verzeichnen mark, note, record
sich verzerren make a grimace, grimace
verzichten auf forego
verziehen, o, o distort; keine Miene verziehen not bat an eyelash, not move a muscle
sich verziehen, o, o be twisted be distorted
verzweifelt despairing, desperate
die Verzweiflung despair, desperation
viel much; (pl.) many; a lot
vielleicht perhaps
vielmehr much more, rather
die Vogelscheuche, –n scarecrow
der Volksvertreter, – representative, deputy
voll full; voller filled with, full of
völlig complete(ly)
vollkommen complete
vollständig complete
von (prep.) of, from; von nun an henceforth
vor (prep.) before, in front of; ago; vor allem above all; vor Jahren years ago; vor zwei Tagen two days ago
voraus'·haben: einen Schritt voraus·haben be a step ahead of
voraus'·sagen foretell, predict
vorbei'·fahren, u, a drive past, by
vorbei'·gehen, i, a go by, pass
vorbei'·gleiten, i, i glide past, slide past
vorbei'·kommen, a, o pass
vorbei'·schreiten, i, i walk by, go by
vorbei'·wanken stagger by
der Vorbei'ziehend- passerby
vorbereitet prepared
die Vorbereitung, –en preparation
sich vor·beugen bend forward

die Vorderseite, –n front
der Vordersitz, –e front seat
der Vordringend- advancing person
voreilig hasty
voreinan'der: Angst voreinander fear of one another
vor·enthalten, ie, a withhold
vor·fahren, u, a drive up
der Vorgang, ⁓e event
Vorgebirge (pl.) foothills
das Vorgefallen- occurrence
vor·gehen, i, a go forward; proceed; act
das Vorgehen advance, proceeding
vorgereckt thrust forward
der Vorgesetzt- superior, chief
vor·haben have in mind
sich vor·haben have before one's self
vorher before
die Vorkehrung, –en provision
vor·knöpfen (coll.) take to task
vor·kommen, a, o occur, happen; seem, appear
vor·lesen, a, e read aloud
vor·machen put, place before; pretend
vormittags in the morning, in the forenoon
vorn forward, in front
der Vorname, –ns, –n first name
vornehm aristocratic, refined
vor·nehmen, a, o undertake; sich (dat.) vor·nehmen (coll.) take a thing up
der Vorposten, – outpost, advance post
der Vorraum, ⁓e hall, entry
vor·rücken move forward
der Vorschein (used only in idioms) appearance; zum Vorschein kommen appear, come to light
der Vorschlag, ⁓e suggestion
sich vor·sehen, a, e be cautious
vorsichtig careful(ly)
vor·sitzen, a, e preside; zum Vorsitzenden to the post of chairman
vor·spielen play to, for
vor·sprechen, a, o (bei) call (on)
die Vorstadt, ⁓e suburb, outskirts
die Vorstandssitzung, –en meeting of the board of directors

vor·stehen, a, a (with dat.) direct, be in charge of
die Vorstellung, –en representation; conception, notion
der Vortag, –e day before
der Vorteil, –e advantage
vor·treten, a, e step forward
vorü'ber·fahren, u, a pass by
vorü'ber·gehen, i, a pass by, away, be over
vor·weisen, ie, ie show, produce (for inspection)
vorweltlich primitive, prehistoric
der Vorwinter, – pre-winter season

W

wächsern wax-like
der Wächter, – guard
wacker valiant, brave
die Waffe, –n weapon
wagen venture, dare
der Wagen, – automobile, car
das Wageninner- inside of the car
die Wagentür(e), –en car door
wählen choose, select; elect; vote
wahr true; nicht wahr isn't it? isn't he? haven't I? etc.
während (prep. and sub. conj.) during; while
die Wahrheit, –en truth
wahrlich truly, indeed
wahrnehmbar perceptible
wahr·nehmen, a, o perceive
wahrschein'lich probably
die Waise, –n orphan
das Waisenhaus, ⁓er orphanage
der Wald, ⁓er forest, woods
das Waldhorn, ⁓er French horn
der Waldrand, ⁓er edge of the woods
sich wälzen roll
die Wand, ⁓e wall
die Wange, –n cheek
warm warm
das Warm- warm place
die Warnung, –en warning
warten wait
warum' why
waschen, u, a wash
das Wasser, – water; stream, river
der Wasserschleier, – veil of water

der **Wasserspeier**, – gargoyle
wecken waken
weder . . . noch neither . . . nor
der **Weg**, –e way, road
weg·fliehen, o, o flee from
weggeschwemmt washed away, swept away
weg·laufen, ie, au run away
weg·legen lay down, lay aside
die **Wehr**, –en defense; **sich zur Wehr setzen** offer resistance, defend one's self
das **Weib**, –er woman
weich soft
weichen, i, i yield, give way
das **Weideland**, ⁼er pasture land
weil (*sub. conj.*) because
die **Weile** while
der **Wein**, –e wine
der **Weinberg**, –e vineyard
weinen weep
weis wise
die **Weise**, –n manner, method, way
weisen, ie, ie show, indicate, point out; **weisen auf** refer to, point to
weiß white
weit wide; vast; far
weitaus by far
weiter wider; further; additional
weiter·blättern leaf further, continue to leaf through
weiter·fahren, u, a drive on, drive further, continue
weiter·fragen question further
weiter·führen carry on, continue
weiter·kommen, a, o progress, advance
weiter·schreiten, i, i walk further
weiter·streiten, i, i argue further, continue to argue
welcher which, what
die **Welle**, –n wave
weltbekannt known the world over
der **Weltmann**, ⁼er man of the world
die **Weltoffenheit** world-awareness
die **Weltpolitik** world politics
wenden, *reg. or* **a, a** turn, turn around
sich wenden, *reg. or* **a, a** turn
wenig little; (*pl.*) few
weniger less

wenigstens at least
wenn (*sub. conj.*) if, when; **wenn . . . auch** even if
werden, u, o become (*auxiliary*) will
werfen, a, o throw
sich werfen, a, o throw one's self
der **Wert**, –e worth, value
das **Wesen**, – being, creature
der **Westen** West
westlich western; westerly
die **Wette**, –n bet; **eine Wette schließen** make a bet
das **Wetter**, – weather
wetterleuchten lighten (of lightning)
wettern storm; bluster
wichtig important
die **Wichtigkeit** importance
widerle'gen refute
widerspre'chen, a, o contradict
der **Widerstand** resistance
wie (*sub. conj.*) how; as
wieder again, anew
wiederho'len repeat
wiederholt' repeated
wiederum again
wiegen, o, o weigh
wieso why, how
wieviel how much
wieweit how far
wild wild
das **Wild** (wild) game
der **Wille**, –ns, –n will, intent
willenlos irresolute, without a will
willig willing
der **Wind**, –e wind, breeze
der **Winter**, – winter
der **Wintermantel**, ⁼ winter overcoat
wirklich actual(ly), real(ly)
die **Wirklichkeit**, –en reality
wirr dishevelled
die **Wirtin**, –nen hostess, innkeeper's wife
das **Wirtshaus**, ⁼er inn
wischen wipe
wissen, u, u know; **nicht recht wissen** not rightly know
wissenschaftlich scientific
der **Witz**, –e joke
wo (*sub. conj. and adv.*) where
die **Woche**, –n week; **die Woche über** the whole week

wogen surge
woher from where
wohl well; probably
wohl·tun, a, a do good; give pleasure
wohnen live, dwell
die Wohnung, –en dwelling, house
die Wölbung, –en arch
die Wolke, –n cloud
der Wolkenberg, –e mountain of clouds
der Wolkenbruch, ⸚e cloudburst, downpour
das Wolkenungetüm, –e cloud-monster
die Wolldecke, –n blanket
wollen want
worauf whereupon; on which, at which
das Wort, ⸚er or –e word
die Wucht, –en weight; force
die Wunde, –n wound
das Wunder, – wonder, marvel, miracle; das reinste Wunder sein be a miracle
sich wundern be surprised; (Swiss) wonder
wundervoll wonderful, splendid
der Wunsch, ⸚e wish, desire
wünschen wish
die Wut rage, fury; madness
wüten rage, rave

Z

zahlen pay
der Zahn, ⸚e tooth
das Zeichen, – sign, mark, indication
der Zeigefinger, – index finger
zeigen show, point
sich zeigen appear
die Zeit, –en time; mit der Zeit in time, gradually; zur selben Zeit at the same time
die Zeitung, –en newspaper
die Zelle, –n cell, compartment
zerbrechlich breakable, fragile
zerfallen fall into decay, disintegrate, break down
zerfetzt torn up, torn to shreds
zermalmen crush, grind, bruise
zerreißen, i, i tear to pieces
zersetzen disintegrate
zersplittern splinter

zerstören destroy; disrupt
ziehen, o, o move, go; pull, draw
das Ziel, –e goal
zielen aim, take aim
ziemlich rather, fairly; ziemlich viel a good deal
die Zigaret'te, –n cigarette
die Zigar're, –n cigar
das Zigar'renrauchen cigar smoking
das Zimmer, – room
zischen hiss
zittern tremble, quiver
das Zivil' civil body, civilians; in Zivil in civilian clothes, in plain clothes
die Zivilisation', –en civilization
zögern hesitate; nach kurzem Zögern after a short hesitation
zu (prep.) to, toward, at, by; in order to
zu·decken cover up
das Zudecken covering up, concealment
zudem' besides, in addition
zu·drehen turn towards
zuerst' at first, first
der Zufall, ⸚e chance; durch Zufall by chance
zufällig by chance
zu·flüstern whisper to
zufrie'den satisfied, contented
der Zug, ⸚e drawing, pulling; train; march; progress, procession; feature, lineament, line; draught
zu·geben, a, e add; admit
zugedeckt covered up
zuge'gen present (at)
zu·gehen, i, a come to pass
das Zugeständnis, –se admission; concession
zugrun'de·gehen, i, a be ruined
zu·hören listen
zu·klappen close
zu·kommen, a, o come up to, approach
die Zukunft future
zu·lassen, ie, a allow, permit
zuletzt' at last, in the end
zulie'be for the sake of
zunächst' first, chiefly
sich zurecht'·finden, a, u find one's way (about)
zu·rennen, a, a run to

zurück'·bleiben, ie, ie remain behind
zurück'·fallen fall back, revert
zurück'·geben, a, e give back
zurück'·gehen, i, a go back
zurück'·kehren turn back, return
sich zurück'·kehren turn back
zurück'·kommen, a, o come back, return
zurück'·lassen, ie, a leave behind
zurück'·legen put back; go over, traverse
sich zurück'·lehnen lean back
zurück'·schreiten, i, i walk back
zurück'·treten, a, e walk back
zurück'·weichen, i, i fall back, recede
sich zurück'·ziehen, o, o withdraw
zusam'men together
zusam'men·arbeiten work together
zusam'men·bringen, a, a bring together
zusam'men·fahren, u, a be startled
zusam'mengekniffen squeezed together
zusam'mengetrommelt (coll.) "drummed together," brought together
zusam'men·ketten chain together, fetter together
zusam'men·krümmen double up
die Zusam'menkunft, ⸚e meeting, gathering
zusam'men·nennen, a, a name along with
zusam'men·packen pack up

zusam'men·schießen, o, o shoot down, shoot apart
zusam'men·schlagen, u, a strike together; clap
zusam'men·sinken, a, u collapse, sink down
zusam'men·sitzen, a, e sit together
zusam'men·ziehen, o, o draw together
zusam'men·zucken convulse; start, start violently
zu·schauen watch, look at
zu·schlagen, u, a slam
zu·schreiben, ie, ie ascribe (to)
zu·schreiten, i, i step to, step towards, walk to
zu·sehen, a, e look on
zuta'ge to light; zutage bringen or fördern bring to light
sich zu·tragen, u, a take place, happen
zu·trauen believe capable of
zuvor' before, previously
zu·wenden, reg. or a, a turn to
sich zu·werfen, a, o throw to one another
zwangsläufig necessary, obligatory
zwar to be sure, certainly
der Zweck, —e purpose
zweifeln doubt
zweimal twice
zweitletzt next to the last
zwingen, a, u force
zwischen (prep.) between, among
der Zwischenfall, ⸚e incident
der Zylin'der, ⸚ top hat